みるみるうまくなる！

バドミントン

基本と練習

まえがき

私がバドミントンを始めたのは、小学1年のときです。ちょうどそのころ活動がスタートした地元のジュニアクラブに、兄と一緒に行ったのがきっかけでした。最初はシャトルがなかなか当たらずとまどいましたが、ラケットにシャトルがパーンと当たった瞬間のうれしさはいまでも忘れません。ただただ楽しくて、もっとやりたい、という気持ちだけで練習に行っていたのを覚えています。

やがて、「うまくなりたい」「強くなりたい」と思うようになり、練習や試合でさまざまな工夫をするようになりました。その工夫によって、打てなかった球が打てるようになったり、プレーが大きく変わったりという経験を何度もしてきました。もちろん、うまくいかなくて悩んだり、勝てなくて苦しんだりもしましたが、長く選手生活を送ることができました。引退後は、コーチとしてナショナルチームの選手や、小中高生を指導する機会をいただいています。

さまざまな経験をした現役時代を振り返って、また、指導者としてたくさんの選手と接する中で、強く実感していることがあります。それは、「うまくなるには、基本が一番大切」だということです。ジュニア選手でも、日本代表選手でも、どのレベルにあっても共通していえることだと感じています。打ち方でも動き方でも、基本がしっかり身についていれば、いいショットが打てるようになり、早く上達することが可能です。すべての土台にあるのが「基本」なのです。

この本には、私が選手として、指導者として実践してきた、また大切にしてきた「基本」が詰め込んであります。ビギナーの方、中級者の方、指導者の方など、レベルや立場はさまざまだと思いますが、本書がバドミントンの楽しさをより大きくする一助に、練習における上達へのヒントに、悩んでいるときの前に進むきっかけになればうれしいです。

廣瀬栄理子

\みんなうまくなる/
バドミントン 基本と練習 ｜ もくじ

＊本書は右利きの選手をモデルとして想定しています。
＊本書で紹介する動作を行った結果生じた事故や傷害について著者、発行者は責任を負いません。

技術を動画でチェックしよう！

本書で紹介しているショットや動作(動画マークの付いた部分)は、総合バドミントンサイト「BADMINTON SPIRIT(バド×スピ！)」内の動画でも確認できます(計約42分。12章は除く)。

動画マーク

動画の一例

ショット ／ ドリブン

左手をほとんど動かさないでシャトルを放す

動画サムネイルページはこちらから

バド×スピ！
(www.badspi.jp)の
トップページ→
「ムービー」でも視聴可能

バドミントンってこんな競技 ルール編

試合は
どう行うの？

　バドミントンは、ラケットを持った選手がネットを挟んで向かい合い、シャトルを打ち合う競技。自分のコートにシャトルを落とさず、相手のコートに落とすことをねらって試合を進める。種目は、男女のシングルス（１対１）、ダブルス（２対２）、男女混合のダブルスがある。

　試合は１ゲーム21点で、先に２ゲームを取ったほうが勝ち。ラリーポイント制(*)で、20対20になったら、一方が２点リードするまで続行する。29対29になった場合は、先に30点目を取ったほうが勝ちとなる。

どんなコートを
使うの？

　試合で使うコートは、縦13.4メートル、横6.1メートル（図１）。ネットを支えるポストの高さは1.55メートル、ネットの高さはコート中央部で1.524メートル、ダブルスのサイドライン上で1.55メートルと定められている。

　シングルスとダブルスでは使用するコートの範囲が異なっており、シングルスはサイドラインがダブルスより内側で、やや縦長なのが特徴（図２）。ダブルスはコート全面を使用する（図３）。

サービスは
どう打つの？

　サービスは、ラリーを始める最初のショットのこと。テニスなどと違って、上から打つことができないなど、さまざまな規則が定められており、サーバー（サーブを打つ選手）の得点が偶数のときは右から、奇数のときは左から、相手コートの対角に打つ。また、シングルスとダブルスではサービス時のコートも異なる（図４・５）。

サービスのルール

- サービスコート内から打つ（ラインを踏んだりまたいだりしない）
- 両足のどこかが床について、なおかつ動かない状態で打つ
- 打つ瞬間にシャトル全体がコート面から1.15メートル以下であること
- シャトルのコルク部分を打つ

　＊…サービス権のある・なしにかかわらず、ラリーに勝ったほうに点数が入る方式

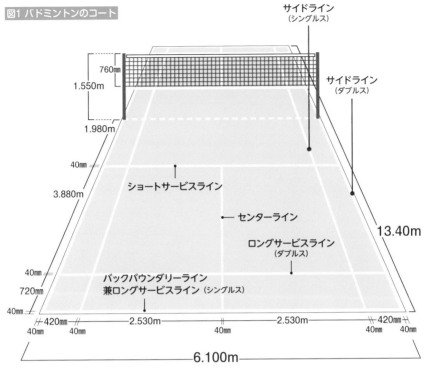

図1 バドミントンのコート

サイドライン（シングルス）

サイドライン（ダブルス）

760mm
1.550m
1.980m

40mm
3.880m

ショートサービスライン

センターライン

ロングサービスライン（ダブルス）

13.40m

40mm
720mm
40mm

バックバウンダリーライン
兼ロングサービスライン（シングルス）

420mm
40mm 40mm
2.530m
40mm
2.530m
420mm
40mm 40mm

6.100m

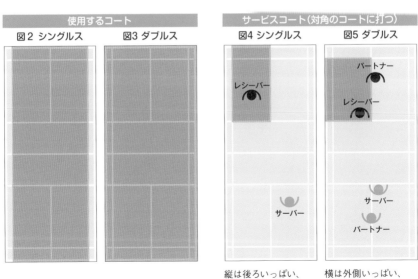

使用するコート

図2 シングルス　　図3 ダブルス

サービスコート（対角のコートに打つ）

図4 シングルス　　図5 ダブルス

レシーバー

パートナー

レシーバー

サーバー

サーバー

パートナー

縦は後ろいっぱい、
横はダブルスより狭い

横は外側いっぱい、
縦はシングルスより短い

バドミントンってこんな競技

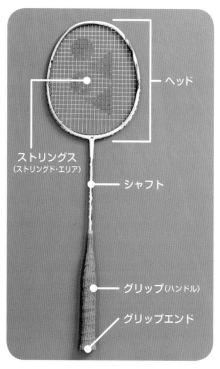

ヘッド

ストリングス
（ストリングド・エリア）

シャフト

グリップ（ハンドル）

グリップエンド

ラケット

　シャトルを打つ部分のヘッド、握る部分のグリップ（ハンドル）、そしてヘッドとグリップをつなぐシャフトからできており、ヘッドにはストリングスを張る。ストリングスを張った部分はストリングド・エリアと呼ばれる。シャフトやヘッドに使われる素材は主にカーボン。ラケットの重さは軽いもので75グラム前後、重いもので90グラム前後。長さは68センチ以内、幅は23センチ以内と定められている。

シャトル

　正式名称はシャトルコック。ガチョウなど水鳥の羽根を16枚、コルクにさして加工したもの。重さは約5グラム（4.74〜5.50グラムと規定されている）と非常に軽く、男子のトップ選手によるスマッシュでは初速が400キロを超える。軽い一方で、大きな空気抵抗を受けるので、急激に沈むドロップショット、ネット前でのヘアピンなど、スピードを極端に落とすショットもある。

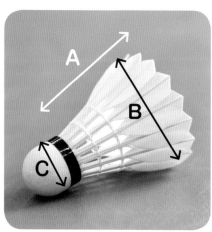

●羽根の長さ(A)…62〜70ミリ
●羽根の先端部直径(B)…58〜68ミリ
●台(コルク部分)の直径(C)…25〜28ミリ
　とそれぞれ規定されている

 ウェア

写真はシャツ、パンツ、ソックス。女子はパンツの代わりにスコートでも OK。

 シューズ

バドミントン専用のシューズ。クッション性、フィット性など自分に合った機能のものを選ぼう。

スペシャルレッスン 用具を大事にすることはプレーの上達につながる

ラケット、シューズ、ウェア、どれをとってもバドミントンをするうえで欠かせません。私自身、初めてラケットを買ってもらったときのワクワク感とうれしさはいまでも忘れられませんし、選手時代も大切な試合の前には必ずグリップを巻き替えて試合に臨んでいました。用具を大切に使うことによって愛着もわき、コートの中で力をくれる気がします。プレーの上達にもつながるでしょう。お気に入りの用具を身につけてプレーすることで、より楽しくなって、ますますバドミントンを好きになれると思っています。

1

基本の
グリップと
打ち方

上達に欠かせないグリップとフォーム

この章は、すべての基本になるといっていい、グリップとフォームがテーマです。

正しいグリップでラケットを握ると、基本的なショットが打ちやすくなります。このあと紹介するスピンをかけたヘアピンやリバースカットなどは、打つ瞬間に少し指を回してグリップに変化を与えたりしますが、まず基本のグリップをマスターすることでシャトルに面をしっかり当てることができるようになり、ショットも安定します。初級者は、シャトルに当てることばかりに意識がいきがちです

が、ぜひ正しいグリップの握り方を覚えていただきたいです。

グリップと同じように、フォームも非常に大切です。正しいフォームで打つことによって、ねらったコースにシャトルを飛ばすことができるからです。そして、基本のフォームを身につけることによって、いろいろなショットが打てるようになります。フォームづくりは、自分の土台になる非常に大切な練習なのです。ここでは、代表的な打ち方であるオーバーヘッド（ラケットを上げて頭の上で打つ）のフォームを詳しくお伝えします。

グリップを覚える

>> 基本の握り方を知ろう!

ラケットの握り方を覚えると、打ちやすくも動きやすくもなる。
基本の握り方を紹介しよう。

ぎゅっと
握り込まない

🔍 ゆるく握る
ポイント

初心者の方など、ぎゅっと握りがちだが、
人さし指が1本入るくらいにゆるく握る。
打つ瞬間だけ握り込んではじくイメージ
でショットを打てば、球速が出るし、細か
なコントロールもしやすい。強く握ると手
首を痛めることもあるので注意しよう。

人さし指が1本入るくらいの空間
をつくって握る

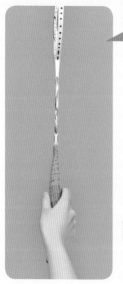

基本の握りは
「イースタングリップ」

グリップには基本といわれる、包丁
を持つように握る「イースタングリッ
プ」のほか、面を相手に正対させる
ように持つ、「ウエスタングリップ」
もある。握りは人それぞれ、やりや
すいように持てばOK。ただし、イー
スタングリップのほうが正確なショ
ットが打ちやすくなるので、まずは
基本のイースタンで握ってみよう。

ウエスタングリップ

自分や相手から打球面が見えるよう
な握り。

バックハンドへの握りかえ

バックハンドで打つときは、グリップの握りを少しずらすとよい。親指の腹をグリップにしっかり当てて、打つ瞬間にちょっと押すと安定するのでやってみよう。

[フォアハンド]　　　　　　　　　　[バックハンド]

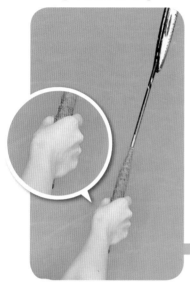 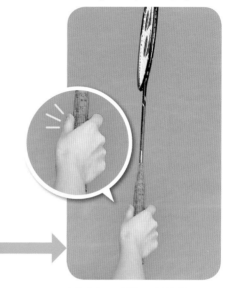

フォアハンドからバックハンドへは瞬間的に握りかえる。強く握り込んでいると、グリップチェンジが遅くなってしまうので注意

親指を立ててグリップに当てる

 ## フォアハンドとバックハンド

「フォアハンド」と「バックハンド」は、バドミントンのショットを分類する上で欠かせない考え方だ。「フォア」「バック」と略していうことも多い。

フォアハンド

ラケットを持った側の手の側に来たシャトルを打つこと（右利きなら、自分の右側に来たシャトルを打つこと）。バック奥に来たシャトルを回り込んで打つこともある（ラウンド*）

バックハンド

ラケットを持った側の手とは反対側に来たシャトルを打つこと（右利きなら、自分の左側に来たシャトルを打つこと）。ただし、レシーブではフォア側のシャトルをバックハンドでとることもある

*バック側の球に対してラケットを頭上で回すようにしてフォア面で打つストロークをラウンドという

基本の握り方をマスターしよう!

P12-13で紹介した「基本の握り方」は1人でも簡単にマスターできる。正しく握れているかどうか、チェックしよう。

1 ラケットを床に置いて立ち、手のひらを内側に向けて右手を上げる。耳につくらいまっすぐ腕を伸ばす

2 そのまましゃがんでいく

ショットによって握る位置を変える

スペシャルレッスン

私は試合や練習の中で、打つショットによってグリップの握る位置を少し変えています。クリアー(第3章)など相手をコート奥に追い込みたいときはグリップの下側(写真A)を、アタックロブ(第

4章)やプッシュ(第9章)などネット前で速いショットを打つときは上側(写真B)を握っています。基本的なショットをマスターできたら、意識してみるといいかもしれません。

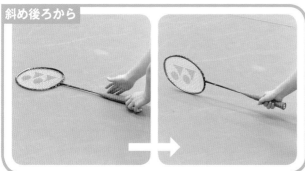

斜め後ろから

完成！

3

ラケットを左手で
立てながら、右手
で持つ

4

5

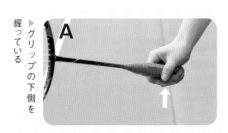

A

▶グリップの下側を握っている

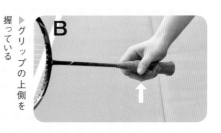

B

▶グリップの上側を握っている

テーマ2

フォームをつくる

シャトル投げから始めよう

正しいフォームを身につけるには、シャトル投げ→素振り→羽根打ち（ノックでシャトルを打つ）という順番で練習するのが効果的。いずれもポイントは同じなので意識して取り組もう。

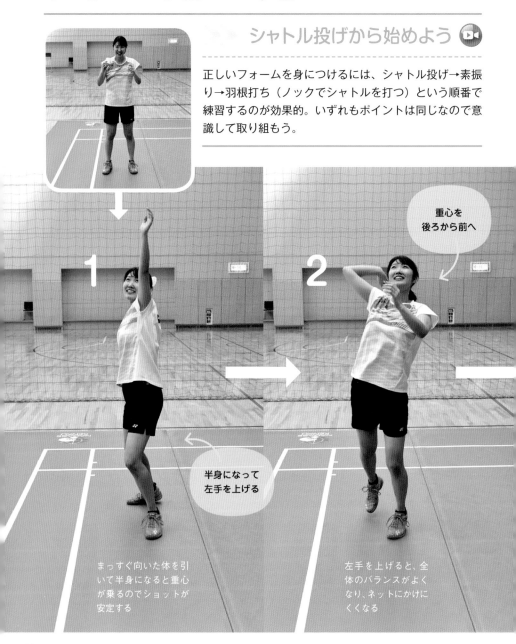

1
半身になって
左手を上げる

まっすぐ向いた体を引いて半身になると重心が乗るのでショットが安定する

2
重心を
後ろから前へ

左手を上げると、全体のバランスがよくなり、ネットにかけにくくなる

横から

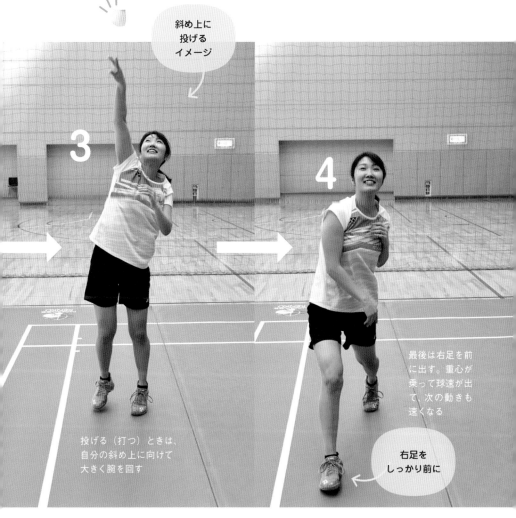

斜め上に
投げる
イメージ

3

投げる（打つ）ときは、
自分の斜め上に向けて
大きく腕を回す

4

最後は右足を前
に出す。重心が
乗って球速が出
て、次の動きも
速くなる

右足を
しっかり前に

素振りで基本の形をつくろう

シャトル投げのあとに、すぐに羽根打ちに入ると、ラケットに当てることに一生懸命になって、フォームがおろそかになりがち。打つ前に、素振り（写真）で基本の形をつくろう。その後、実際に羽根を打ってみる。形が決まってから打つと、早くきれいなフォームで打てるようになる。

1

2

打点は体の前

頭の真上でヒットすると考えている人が多いが、そこまで待つととらえるまでに時間がかかり、体重も乗らないため、いいショットが打てない。打点は体の前で。そのほうがクリアーが速くなり、カットは短く落とせる。

 ## 体の向きを打球方向に！

ヒット後、打ちたい方向にラケットと右足、おなかを向ける。体をひねりすぎて、おなかが外を向くとサイドアウトになりやすい。

右足のつま先、おなかが正面に向いている

右足のつま先、おなかが体の左側に向いている

ヒット時の
打点の
イメージ

3

4

基本が身につく　練習メニュー

01 グリップの握りかえ

連続写真のように、ラケットを握った状態で少し回転させながら、フォアとバックのグリップの握りかえをする。

ポイント

● フォアとバックの握りを意識する
● ぎゅっと強く握らずに行う

バックハンド　　　　　　　　　　　　　　　フォアハンド

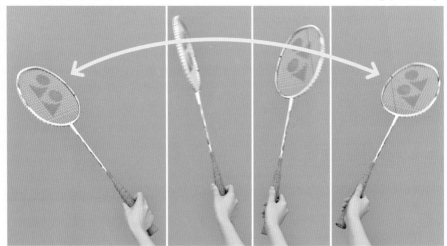

人さし指が入るくらい、余裕を持って握る

拡大

アドバイス　**握り込まない習慣を**

このあと紹介するカット（5章）やヘアピン（8章）などでは、シャトルをとらえるときの指の使い方が大事になる。実際のショットで指を使えるようにするためにも、握りかえの練習からグリップを強く握り込まない習慣をつけよう。

拡大

02 壁の近くで素振り

壁に沿うように体の正面を向けて立ち、オーバーヘッドの素振りをする。壁の近くで行うことで、半身で体全体を使って打つ感覚や、スイングの際に力を入れるポイントが身につきやすく、正しいフォームづくりができる。

スタート姿勢。
左手を上げる

ポイント
- 左手を上げてバランスをとり、スイングしながら前への体重移動を意識する
- この練習で感覚をつかんでから、通常の素振りを行うとよい

打ち終わり

ラケットを
後ろに引き、
スイング開始

アドバイス 「正面打ち」にならないように

「クリアーが飛ばない」「スマッシュが打ちにくい」といったビギナーの悩みの多くは、シャトルに対して体を正面に向けてしまう"正面打ち"が原因。この練習で、半身で体全体を使って打つ感覚を身につけよう。

2

サービス

打つ前に相手をよく見よう

練習でも試合でも、サービスはゲームの始まりのショットです。サービスがしっかり入れば、自分のペースに持っていけるので、私はとても大切に考えていました。とくに小学生、中学生は、ロングサービスを十分に奥まで打てれば、相手を追い込むことができ、それが試合の流れを決めることもあります。そのため、私は小さいころにサービス練習をたくさんしていました。

ビギナーにまず練習してほしいのは、シングルスの基本であるロングサービス。

次に、流れを変えるショートサービス。そして相手の意表を突くドリブンサービス。この3種類を打ち分けられるといいでしょう。

どのサービスも打つ前に、相手をよく見ることが大事です。相手がどんな状況か、確認するのです。

たとえば表情や気配を見て、気持ちが引いているのがわかれば攻めていく。続けて見ていればフォームから、ねらっているショットも読めるようになっていきます。

どんなショット？
ラリーを始める
最初のショット

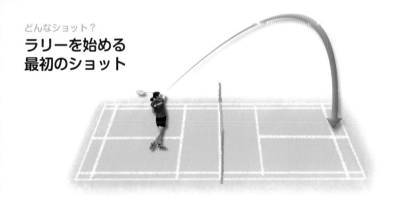

この1打で試合（ラリー）が始まる、重要なショット（ルールは P6-7参照）。ロングサービス、ショートサービス、ドリブンサービスなどの種類がある（イラストはロングサービスの軌道）。

ロングサービス

シングルスの基本のサービス

ロングサービスは、シングルスにおける基本のサービス。相手コートの奥まで飛ばすように、ねらう軌道をイメージして打つとよい。

前から

シャトルを
放す位置を一定に

ポイント

左足を打ちたい方向に向けて構え、相手を見る。シャトルを放す位置をいつも同じにすることで、打球が安定する。

1

2

3

アドバイス　シャトルは 放るのではなく落とす

シャトルを放る感じで出すと、落ちる位置が安定しない。自然に落とすイメージで出し、つねに同じ場所に落下させてラケット面でとらえよう。

✕

シャトルを落とす位置がまちまちだと、体が流れてしまうので注意

ポイント　前へ打つイメージで

インパクトの瞬間に力を入れて振り抜く。高さを出したいが、高くというより前へ打つイメージを持つと、力強く飛ばせる。

4

5

ショートサービス&ドリブンサービス

ショート
サービス

1

2

 左手を動かさない

シャトルを持つ左手の位置を動かさずに決めること。コントロールが安定し、体もぶれない。

左手が動くと、軌道も体もぶれてしまう

ドリブン
サービス

2

ショートはゆっくり出すのも効果的

流れを変えたいときや、攻撃的な相手に一発目から攻められたくないときなどに使う。攻めるという意味では速く出すと有効だが、相手からも速く返ってくるので注意が必要。ゆっくり出してしっかり構え、次をねらうのも効果的だ。

床と平行で
最後に沈むような
軌道で打つ

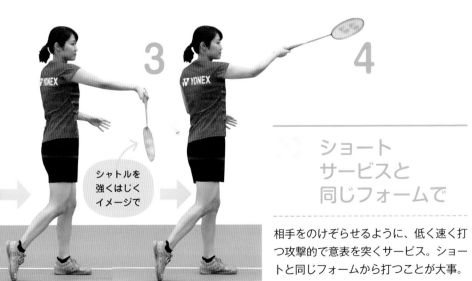

シャトルを
強くはじく
イメージで

ショート
サービスと
同じフォームで

相手をのけぞらせるように、低く速く打つ攻撃的で意表を突くサービス。ショートと同じフォームから打つことが大事。

27

バックハンドサービス

フォアハンドのロングサービス、ショートサービス、ドリブンサービスをマスターできた
ら、バックハンドのサービスにも挑戦しよう。

シャトルを 固定してから打つ

ポイント

シャトルを体の前でしっかりと固定
してから、自然に落とすことで安定
したサービスが打ちやすくなる。

❯❯❯ ねらったところに打ちやすい

バックハンドのサービスはショートが中心。相手に下から打たせて自分が攻撃的にいきたいとき、低い展開で進めたいときに使う。小さなスイングでシャトルをとらえるので、ねらったところに打ちやすいのが特徴。最近は女子のシングルスでも使う選手が増えている。

面を切らずに
まっすぐに
出すイメージで

前から

サービスの軌道とコース

ロングサービス

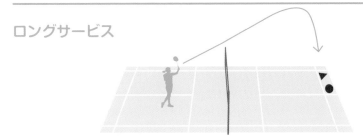

[軌道]

直線的に勢いよく飛ばし、コート奥で落下させる。相手がラケットを上げてジャンプしても届かないほどの高さが理想

[コース]

センター●が基本。サイド▲をねらいがちだが、相手がよく練習している場所であり、ストレートに強打されやすいので注意

ショートサービス

[軌道]

最後に少し沈むイメージか、床と平行に飛ばす感じ。ネットを越えたら落ちていくように

[コース]

前3点。とくにセンター●が基本。○でもいいが、●より相手の体に近いので、相手はやや打ちやすくなる。サイド▲は相手にストレートに抜かれないよう注意して打つ

ドリブンサービス

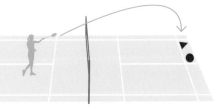

[軌道]

相手の頭を抜くイメージで低く速く飛ばす。ショートを警戒して前傾する相手の逆を突いてのけぞらせると有効

[コース]

センター●が基本。相手の頭を抜けるならサイド▲も有効。長身の相手には高さとコースをより考えて出すこと

① サービス後の構えを大事にする

サービスを打ったあとの構えがしっかりしていれば、動き出しが速くなり、試合の流れもよくなります。

どのサービスでも共通していえることですが、サービスを打ったら、少し後ろに下がって待つのが基本です。後ろの球に対処しやすく、前の球も視野が広がって見やすくなります。構え方は、中腰で右足を少し前に出すと動きやすいでしょう。

サービスを打ったら、少し下がって構える

おなかや腰に少し力を入れて立った状態がちょうどいい

前傾しすぎると、後ろの球に対応しづらい

② 手が震えるときには一度、下を見よう

緊張する場面、サービスのときに手が震えることがあると思います。私も現役時代、とくに北京五輪に出場したときには震えました。そんなときにしていたのは、一呼吸置くこと。一度、下を見て肩の力を抜いたあと、サービスのモーションに入るといいのです。

下を見て、それから相手を見て、サービス。下を見ると肩の力が抜ける

基本が身につく　練習メニュー

01 「力の入れ抜き」を身につける

ロングサービスの素振りや実際にシャトルを打つことで、「力を抜くところ・入れるところ」の感覚をマスターしよう。力を入れるのはズバリ、シャトルをとらえる瞬間だけ。あとはリラックスする（力を抜く）ことが大切だ。

シャトルを落として
スイング開始

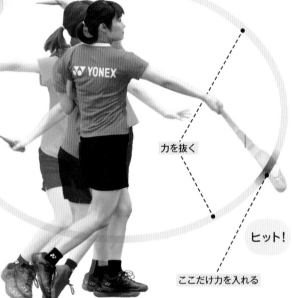

力を抜く

ヒット!

ヒットの瞬間だけ力を入れる。スイングの始まりと終わりは力を抜く

ここだけ力を入れる

スペシャル
レッスン

多くのショットで応用できる

トップレベルでもサービスが苦手という選手はいますが、力の入れ抜きのコツをつかむことで、改善されるケースがあります。力の入れ抜きは、今後紹介するさまざまなショットにも共通するポイントなので、ぜひ身につけてください。

02 ロングサービス練習

1 中央をねらう

シャトルの筒など

2 サイドをねらう

シャトルの筒など

「力の入れ抜き」（P32）のコツを
つかんだら、ねらいを定めて実際
にシャトルを打ってみよう。まずは
基本となるロングサービスから。
フォームを固めるには、回数を重ね
ることが近道。たくさん打ち込ん
で、感覚を身につけよう。

ポイント シャトルの ねらいどころ

1 最初はコート中央をねらって、シャ
トルの筒などを目印に置く。左右コー
ト両方で打ち、それぞれ10回ずつか
ら始めよう。
2 中央に打てるようになったら、サ
イドに目印を置いてねらおう。

アドバイス サイドは「リスク」あり

最初にコート中央をねらうの
は、コート中央から返球され
たほうが、自分がとりやすい
ケースが多いため。

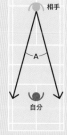

中央からの返球例

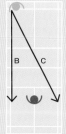

サイドからの返球例

中央からの返球の場合、どちらのサ
イドに突かれても（A）角度が同じで
対応しやすいが、サイドからの返球
の場合は、ストレートのとき（B）、距
離が短く早く到達するのと、スト
レートとクロスでは角度が異なるの
で対応が難しくなるケースがある

3

クリアー

同じフォームから２種類を打ち分けよう

クリアーはコートの奥から相手コートの奥まで飛ばす、バドミントンのもっとも基本となるショットです。大きく分けて、ハイクリアーとドリブンクリアーの２種類があります。

ハイクリアーは、しっかりと高さを使った大きな展開で、相手を奥まで追い込むショット。シャトルの滞空時間が長いため、自分の体勢を戻して、次の攻撃への準備を整えることができます。

ドリブンクリアーは、より攻撃的に相手を追い込みたいときに有効なショットです。自分に余裕があるときに、ハイクリアーより低く速い軌道で、相手を奥に攻めていきます。

この二つを、同じフォームから打ち分けていくことで、相手のリズムを崩してダメージを与えられます。

打ち方のポイントは、正しい打点とフォームを覚えること。これらを身につければ、力まなくてもコート奥まで飛ばしやすくなります。

どんなショット？
コートの奥から
奥へ飛ばす
ショット

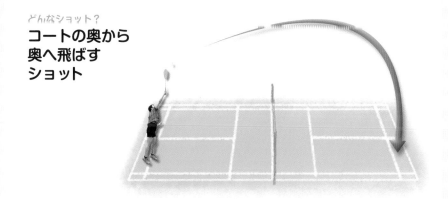

大きく分けると、ハイクリアーとドリブンクリアーの２種類。山なりの軌道を描くハイクリアーはコート奥までしっかり打つことが大切で、とくに自分の体勢を立て直すときに有効（イラストはハイクリアーの軌道）。

ハイクリアー

>> 自分に余裕を作れる

大きな展開で、しっかり相手を追い込むショット。自分に余裕を作ることができる。

ポイント 打点は体の前

しっかりクリアーを飛ばすには、頭の真上ではなく、少し前でとらえることがコツ。

力を入れすぎない

飛ばしたいからと、力任せに打って横振りのようになると、むしろ飛びにくくなる。半身になって、肩に力を入れすぎず、打

つ瞬間だけグリップを強く握り込んで、ラケットを振り抜くイメージが大事。左手も高く上げて、バランスをとるようにする。

✕ 力任せに打つと飛びにくくなる

前に打つ

上ではなく前に向かって
打つイメージ。

4

5

ハイクリアー　前から

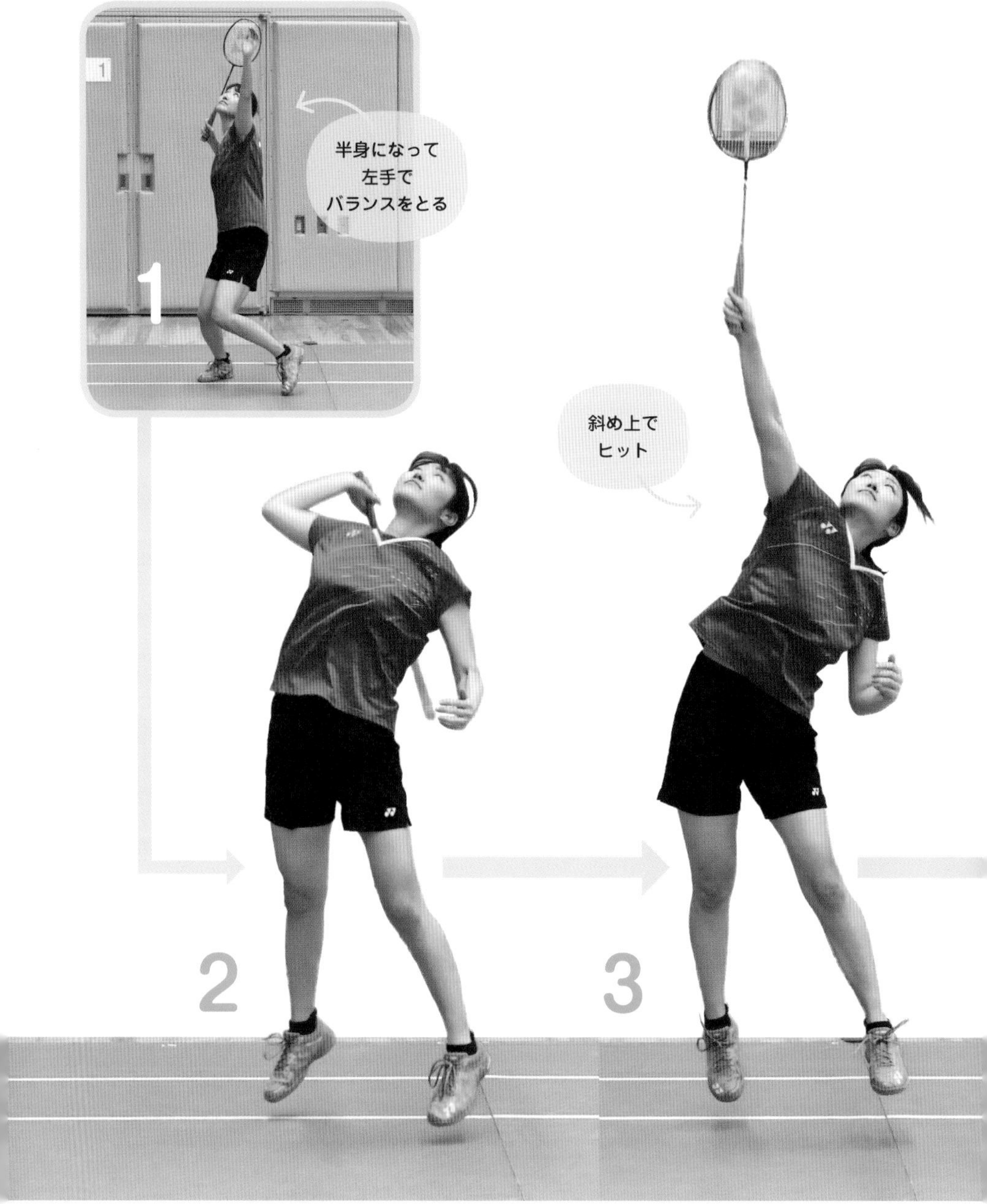

ハイクリアーをまぜてラリーを展開しよう

ハイクリアーを使えると大きな展開で試合を進められ、相手選手をコートの後ろまで動かすことができます。「相手に攻められている」と感じるときもハイクリアーを打つことで、高さを使いながら相手を下げられるので、その間に自分の体勢を立て直すこともできます。

まだパワーが十分でない小学生などは、ハイクリアーをしっかり打つのが難しいものですが、ハイクリアーを打てるようになると、大きな展開ができるぶん、体勢や気持ちにも余裕ができるようになります。相手の動きも見えるので、より点数をとりやすくなると思います。ラリーの中でハイクリアーをまぜながら展開することは、とても大切なのです。

ドリブンクリアー

相手を追い込める

低い展開で、速く相手を追い込むショット。
自分に有利な状況を作ることができる。

1

2

3

**少し前で
振り抜きを
しっかり**

タメた力をぶつけるように、
ハイクリアーより少し前で、
しっかり振り抜く。

4

5

頭の真上より少し前で打つのがハイクリアー、さらに少し前でとらえるのがドリブンクリアー。

ハイクリアーの打点

ドリブンクリアーの打点

クリアーの軌道とコース

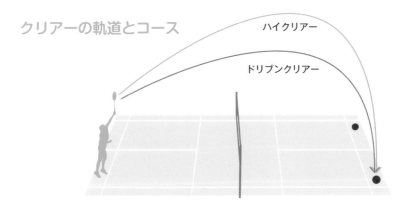

ハイクリアー

ドリブンクリアー

[軌道]

ハイクリアーは高く、ドリブンクリアーは床と平行に近い軌道で低く

[コース]

後ろのラインをねらいすぎるとアウトのリスクが高まるので、やや手前の隅●をねらう

ハイクリアーとドリブンクリアーのねらいどころ

ハイクリアーのねらいどころは、相手の上げたラケットの上。ドリブンクリアーは、低く構える相手の肩より1.5メートルくらい上を抜くイメージで打つといい。

ハイクリアーのねらいどころ

ドリブンクリアーのねらいどころ

 それぞれのメリットを生かそう

速いドリブンクリアーを打てれば、相手をあおって強打を防ぐことになります。相手が前に出ているときにはとくに有効です。一方で、速い展開が増えている現代バドミントンでは、P39でも触れたように、じつはハイクリアーが効くことも少なくありません。

ハイクリアーとドリブンクリアーでは、ハイクリアーのほうがマスターするのは難し

いですが、打てるようになると、試合を有利に運びやすくなります。相手にコート奥、シャトルの下まで足を運ばせれば、時間と距離を使ってそのリズムを壊すことができるからです。低く速い、スピードのある展開の得意な相手に対しては、ハイクリアーを使いながらゆっくりと大きく展開して、スピードを出させないようにするのが非常に有効です。

基本が身につく　練習メニュー

01 フォームづくりと前後の動き
手投げノック（1コース）

ノッカーはコート中央に立ってもよいが、導入としては（半面で）正面に立って球出しするほうが適している。選手は連続でクリアーを打つ。コート奥に目印としてシャトルの筒などを立ててもよい。

ポイント

●選手…最初はその場で、両足を入れ替えて打つ（写真）。慣れてきたら、前後の動きを入れて下がりながら打つ（徐々に前後の距離をのばしていく）

●ノッカー…実際のクリアーの軌道のように、大きく山なりの球を投げる

●回数…10回×3セット

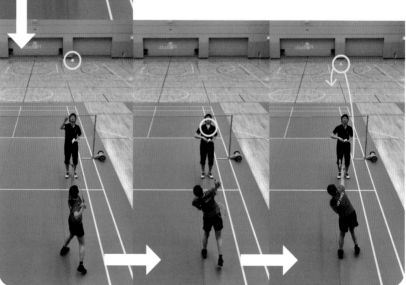

02 左右に動いて打つ
左右2点ノック

ノッカーは奥のコートから球を出し、選手はセンター経由で移動しながらクリアーを打つ。奥のコートに目印となるシャトルの筒などを置くほか、手前のコート中央にも置いて移動の目印にしてもよい。

ポイント

- 選手…しっかり打球してから移動することを心がける
- ノッカー…正確に球出しできない場合は手前のコートから手投げでも可
- 回数…10回から少しずつ増やしていく

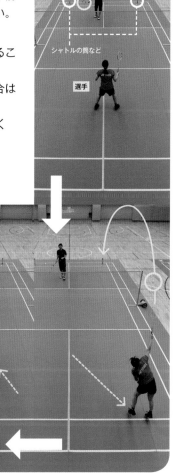

ノッカー

シャトルの筒など

選手

4

ロブ

高く上げて、自分の体勢を立て直す

スマッシュやカットといった攻撃的な
ショットに比べ、ロブには守りのイメー
ジがあります。目立たない部分なのです
が、ロブをしっかり上げられるかどうか
で、試合の流れが変わることが少なくあ
りません。トップ選手の戦いでも、ロブ
をきちんと上げられる選手は、試合に強
いものです。

最近は、低く速い展開が戦い方の主流
ですが、相手から攻められたとき、しっ

かり高くロブで返すことが第一です。自
分の体勢を立て直すためには、高さを出
すことを大切にしてください。

長身の相手や攻撃的な相手に、低い展
開を試みて、逆に相手の強打につかまっ
てしまうことはよくあります。そこで高
いロブを返して大きな展開ができれば、
次への準備がスムーズになるうえに、攻
撃したい相手のリズムを崩して形勢逆転
につなげることもできるのです。

どんなショット?
ネット前からコート奥へ
高く上げるショット

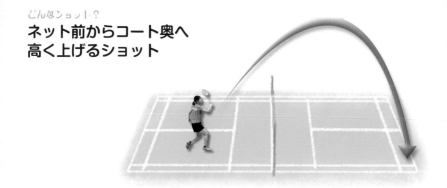

相手からネット前に攻められたときに自分の体勢を立て直すために高く、コート奥ま
で返球する。マスターできたら、速くて低いロブ（アタック系のロブ）にも挑戦し
てみよう（イラストは普通のロブの軌道）。

フォアハンド

>> 力を入れすぎない

ビギナーにとっては、どんなショットもバックハンドが難しいものだが、少し慣れてくると、ロブはフォアハンドが難しいと感じる人が多いはず。力を入れすぎないように打ってみることが大切。

バックスイングを小さく

ラケットの引き方は小さく。体の前で腕を引いて（写真**2**）、ヒットする。とくに小学生は大きく振りかぶって打ちがちなので注意しよう。

ラケットを大きく後ろに引いてしまうと、ヒットが遅くなり強く飛ばせない

手首をこねない

飛ばそうとして手首をこねてしまわないように。手首を立てるようにして打つ。

手首をこねると、打球が安定しない（写真**4**と比較）

アドバイス① フォアハンドロブ
正しい打点を覚えよう

大事に打とうと思うと、ついつい体の近くでシャトルをとらえがちだが、腕を体から離すことがポイント。腕が体の近くにあるとスイングが窮屈になり、コントロールしづらくなってしまうので気をつけよう。

腕を体から離す

腕が体について窮屈に

アドバイス② フォアハンドロブ
前でラケットを振るイメージを持つ

上の写真でも紹介したように、腕を伸ばした先、できるだけ前でヒットすることがポイント。足をしっかり出して、背中が曲がらないように少し前傾することも大切だ。また、シャトルを高く上げるときに気をつけたいのは、文字通り打球を上げようとはしないこと。前にラケットを振るイメージを持つことが、飛距離、高さをともに出すコツになる。ロングサービスを打つときと同様、相手の上げたラケットの上をめざして打つとプレーがまとまりやすい。

ストレートをまず練習しよう

ラケットを振ったとき体が逃げてもコントロールしやすいのは、クロスへの返球（右下写真）。左下写真のように、ストレートへ返すには、体をぶらさず打つ必要があり、難易度が増す。しかし見方を変えると、ストレートにきっちり打てると体がぶれなくなるといえるので、ぜひストレートロブから練習してみよう。おなかをまっすぐにし、ラケット面を床と垂直に近い形でヒット、打ちたい方向に面の先を向けて振り抜くことがコツ。

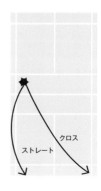

クロス

ストレート

[ストレート]　　　　　　　　　　[クロス]

バックハンド

≫ 打つ瞬間に握り込む

バックハンドのロブは一度コツを覚えると、飛ばす感覚をつかみやすい。ゆるめにグリップを握り、打つ瞬間に握り込むようにしよう。

親指で押す
ポイント

グリップの太い部分に親指を当て、打つ瞬間にギュッと押すと打ちやすい。

4

3

 前で打つ

フォア同様、腕を体から離してなるべく前でヒットする。

 フットワークを身につける

ロブはネット前でしっかり踏み込むフットワークも大事。フォアとバック交互にステップを踏み、フォームを意識して素振りをするのがおすすめです。

2   1

打ったあとは後ろ足を引き寄せる

打ったあと、後ろ足（左足）を引き寄せるとスムーズに戻れて、次の動作に入りやすい。

2

ヒット

1

3

引き寄せる

4

左足で
けりやすくなる

プラス α

アタックロブにも挑戦しよう

速く低く飛ばすアタックロブは、守備
から攻撃に転じる逆転のショットにな
る。高めの打点で、打つ瞬間に握り込
んで、しっかりはじくイメージで打つ。

高いロブ

アタックロブ

[軌道]	[コース]
基本のロブはロングサービスのように山なりに高く、アタックロブは低く床に平行に近いイメージ	高いロブも低いロブもクロスのほうが打ちやすいが、ストレート（右サイドから打った場合、図中の●）に打てると相手の体勢を崩しやすく、自分も次に対処しやすい

アタックロブ

ヒットのとき
はじくようにして
握り込む

高いロブを打つときより、打点を高くとって打ち始める。コースは相手の位置を見て選択しよう

基本が身につく 練習メニュー

01 フォームづくりと前後の動き
手投げノック（1コース）

シャトルの筒など

ノッカー

選手

ノッカーは奥のコートから手投げで球を出し、選手は連続でロブ（ストレート）を打つ。最初はバックから行い、慣れてきたらフォア（写真）でも打つようにする。コート奥に目印としてシャトルの筒などを立ててもよい。

🔍 **ポイント**

- 選手…バックのほうが打球感覚をつかみやすいので、バックから行う。バックもフォアも最初はその場で打ち（写真）、慣れてきたら前後に動いて打つ
- ノッカー…リズムが早くなりすぎないように気をつける
- 回数…10回×3セット

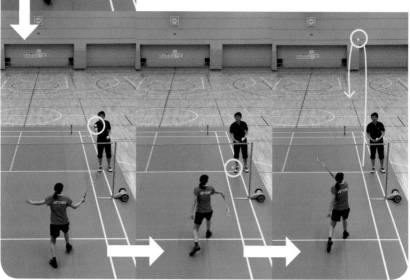

02 左右に動いて打つ
左右2点ノック

ノッカーは奥のコートから手投げで球を出し、選手はセンター経由で移動しながらロブ（ストレート）を打つ。奥のコートに目印となるシャトルの筒などを置くほか、手前のコート中央にも置いて移動の目印にしてもよい。

- 選手…打球後、必ず中央に戻るようにする
- ノッカー…正確に球出しできない場合は手前のコートから手投げでも可
- 回数…10回×3セット

ノッカー

シャトルの筒など

選手

5

カットと
ドロップ

クリアーと一緒に使うと効果的

面でコルクを切るように打つカットは、主に相手を崩して、攻撃を仕掛けるときに有効なショットです。ほかのオーバーヘッドと同じフォームから、キレよく落とすことで相手にダメージを与えられます。

決め球としても効果的です。とくに風の影響でシャトルが飛ばず、スマッシュが走らないなら、カットのほうが決めやすいと思います。

面をかぶせるように打つドロップは、カットよりも遅いスピードで短く落とします。相手をコート前にしっかり動かしたいときに使いましょう。速度が遅いので、自分の体勢を立て直すときにも有効です。

カットもドロップも、クリアーと一緒に使うと、相手を前後に動かすことができます。バドミントンの基本的な攻め方になるので、ビギナーにとくにマスターしてほしい組み合わせです。

どちらのショットもフォームは打つ瞬間までクリアーと同じ。ラケット面でどうシャトルをとらえるか、自分の感覚を身につけることが大事です。具体的に解説していきますが、打点はどこがいいのか、面の動かし方はどうすればいいのか、意識して練習するとよいでしょう。ストレート、クロスとも打ち分けられるようにしてください。

どんなショット？
カット、ドロップともコート前方に落とすショット

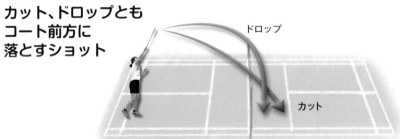

ドロップ

カット

相手のタイミングを外すことで、体勢を崩したり、動かしたり、また自分の体勢を立て直したりと、攻守で大事になる。ネットにかけないこと、浮かせすぎないことがポイント。

カット

切って回転を加える

スマッシュの次に攻撃的なショット。コルクの側面を切るように打つことでシャトルに回転が加わり、スマッシュよりもスピードが遅く、球足が短くなる。

人さし指を使う

面を切るときに、人さし指で少し前に押すとカットの回転をかけやすい。指でひと押しすることで、キレのあるカットを手前に落としやすくなる。球足がイメージよりも伸びてしまう人は、試してみよう。

人さし指で押すイメージ

面の上のほうでヒット

シャトルを打つ位置は、面の真ん中ではなく上寄りのほうが、威力のあるカットが打てる。とらえるタイミングが早くなり、角度がよりついて、回転がかけやすくなり、コントロールもしやすい。

カットの切り方には、面を内と外、どちらに向けるかで2通りある。コルクに対して面を外側に向けて打つリバースカットは少し難しいが、コツをつかめばむしろ打ちやすいことが多い。初級者もぜひ挑戦してみよう。リバースカットを使えれば、とくにラウンド側からクロスに制球しやすくなる。

カット
ストレート

ヒット時に面を内側に向けて、まっすぐラケットを振り下ろす。フォア側、ラウンド側どちらからも打てる。

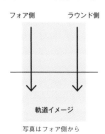

フォア側　ラウンド側

軌道イメージ

写真はフォア側から

カットの打点
(面の内側)

スイング軌道のイメージ

カット
クロス

ヒット時に面を内側に向けて、クロス方向にラケットを振り下ろす。ラウンド側から打つのは難易度が高い。

フォア側　ラウンド側

軌道イメージ

写真はフォア側から

アドバイス ストレートとクロスの打ち分けはラケットの向きで調整

同じフォームでストレートとクロスを打ち分けられるのが理想。打つ瞬間までは体の向きで調整しようとせず、P62の連続写真のように、ヒットのときにラケットの面（向き）を打ちたい方向に向けるようにしよう。

リバースカット
ストレート

ヒット時に面を外側に向けて、まっすぐラケットを振り下ろす。フォア側、ラウンド側どちらからも打てる。

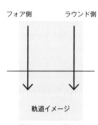

フォア側　ラウンド側

軌道イメージ

写真はラウンド側から

リバースカットの打点（面の外側）

リバースカット
クロス

ヒット時に面を外側に向けて、クロス方向にラケットを振り下ろす。ラウンド側から打つ。

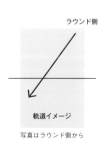

ラウンド側

軌道イメージ

写真はラウンド側から

テーマ2

ドロップ

スピードを殺すイメージ

カットよりもスイングスピードが遅く、球速も遅くなる。ほぼフラットに面をかぶせ、スピードを殺すイメージで短く落とそう。

1

2

 打点は頭の少し前

カットよりも長めに球を持つイメージで、打点は少し後ろ、だいたいクリアーと同じくらいの位置。ラケット面の最初の入り方はカットと同じだが、カットより早めに面がフラットになる。面の真ん中より上のほうでとらえると精度が上がるのはカットと同じ。

[カットの打点]

[ドロップの打点]

カットとドロップの軌道とコース

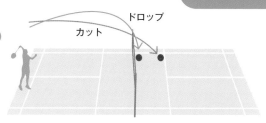

ドロップ

カット

[軌道]

カットは直線的に、ドロップは山なりに落とす感じで。カットは長め、短め、ドロップは高め、低めなど、慣れたらバリエーションをつけていこう

[コース]

カットはショートサービスラインの少し前、ドロップはネット際に落とす意識で。とくにドロップはねらう位置をよりイメージして、相手にヒザより下でとらせたい

3

4

スペシャルレッスン

ミスをしないための練習とは

カットでもドロップでも、ネットミスを減らすには、回数を決めて連続で打つ練習をしてみましょう。私は小学生のとき、カットを100本連続で入れる練習をしていました。ミスしたらゼロに戻るので、集中力も高まります。のちにカットが得意ショット

になったのは、この基本練習がベースにあると思います。また試合になるとミスが出るという人は、基礎打ちのときに一度真ん中に戻ってから下がって、体の前で打つようにしましょう。とくにカットは肩に無駄な力を入れないことも大事です。

基本が身につく　練習メニュー

01 フォームづくりと前後の動き
ノック（1コース）

ノッカーは手前コートの外側から手投げで球を出し、選手は少し下がりながらカットやドロップを打つ。ねらいはP65の図を参考に。シャトルの筒などを置いて目印にしてもよい。

ポイント
- 選手…クリアーやスマッシュなどと比べると一打ごとの力は小さくて済むため、回数をこなすようにする
- ノッカー…奥のコートからシャトルを打って球出ししてもよい
- 回数…15回×3セット

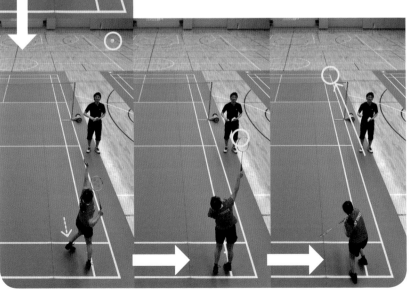

02 ラリーの中で打つ
1対1での打ち合い（1コース）

半面で連続して打ち合う。パートナーはレシーブで
高い球を返し、選手はカットやドロップをくり返し
打つ。回数を数え、ミスをしたら（ネットにかけた
ら）ゼロに戻るようにすると緊張感が出てよい。

ポイント

● 選手…まずはネットにかからないよう
にし、その後P65の図にあったねらい
どころを意識する
● パートナー…コート奥に高い球を返球
する
● 回数…最初は連続20回。できるように
なったら、30、40回と増やしていき、
最終的には100回をめざそう

6

スマッシュ

速度、球足の長さにバリエーションを

バドミントンで、もっとも華やかな攻撃ショットといえるスマッシュ。威力あるスマッシュは大きな武器になりますが、強く打ちたい、決めたいと思うあまり、力が入りすぎて浮いたり、ラインを割ったりしがちです。そのため、試合で積極的に打ちづらいという選手は多いと思います。

けれど、試合ではここというときに、思いきって打ってみてください。打って

いかなければ、相手にとって怖さがなくなってしまいます。

スマッシュを打つ際は、速度や球足の長さにバリエーションをつけられるといいでしょう。打ち出す角度を調整してコート奥をねらうロングスマッシュ、面を切ってコート前方に落とすカットスマッシュなどです。相手のポジションや体勢を見て、スマッシュとまぜて打てるようになると効果的です。

どんなショット？

相手コートに
鋭角に
突き刺さる
ショット

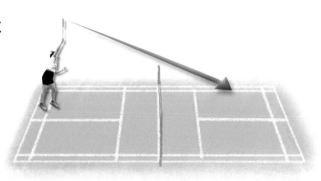

バドミントンにおいてもっともスピードが出る攻撃的なショット。決め球として、あるいは相手を崩す球として打つ。通常のスマッシュとカットスマッシュなどがある（イラストの軌道は普通のスマッシュ）。

スマッシュ

>> 力強く前に振り抜く

ヒット時は面をほぼフラットにして力強く前
に打つ。

1

2

3

前に出ながら打つ

大切なのは重心移動と打点。第1章
で紹介したシャトル投げ（P16-17）
のように、後ろ足から前足に体重を
移し、前に出ながら前で打つ。「体ご
とシャトルに行く」イメージを持とう。
速さを出すにも、まずはしっかり重
心移動。力まずリラックスして、打
つ瞬間に力を入れることもポイント。

後ろ足（右足）に体重をしっかり乗せ、前足（左足）に移
動させながら打つ

半身になって、球の下に入る

シャトルの下に入るとき、十分に右足を引いて半身になろう。とくにラウンド側への移動は遅れがちなので、早くシャトルの後ろまで入り込むようにする。

▶ 左足でけって、右肩を後ろに。
しっかり体を球の下に入れる

▶ 右足を下げないままだと半身
になれず、体重移動できない

 **左手を
巻き込む**

上げた左手はヒットのあとに、体に巻き込むイメージで。打球が安定し、体もぶれにくくなる。

左手を胸元に巻き込む

左手を伸ばしてしまう

角度をつけるには？

角度をつけたいからといって、下に向かって打つとネットにかけやすいので、「前にたたきつける」「前に振り抜く」感じで打とう。

打ったあとはラケットを上げる

スマッシュは一発で決めようとせず、次をねらうことを意識しよう。打ったらラケットを上げて準備しておくこと。ネット前への返球やロングリターンに対して、早くタッチして連続攻撃を仕掛ける。

ラケットを上げておくと次に早く対応できる

振りきったままでは次の対応に遅れてしまう

カットスマッシュ

>> カットを力強く打つイメージ

シャトルを面で切って、普通のスマッシュより短く落とす。「カットを力強く打つ」イメージで打つ。

1

2

3

ポイント

スマッシュより
少し力を抜いて

打つ直前までリラック
スして、打つ瞬間に
しっかり振り抜くのは
スマッシュと同じ。ス
マッシュより少し力を
抜いて打とう。

>> スマッシュとカットスマッシュのスイング

スマッシュは面をほぼ正対、カットスマッシュは面を内側に向けてシャトルをとらえる。
カットスマッシュはコルクの右側を切って短く落とそう。

スマッシュ

ヒット時に面をやや内側
に向けて、まっすぐラケ
ットを振り下ろす。

打点

カットスマッシュ

シャトルの右側をラケッ
ト面の内側で、切るよう
にしてヒットする。

打点

スマッシュの軌道とコース

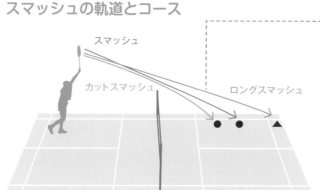

スマッシュ

カットスマッシュ

ロングスマッシュ

ポイント

ロングスマッシュは角度をゆるめに

ロングスマッシュは最終的に落ちる位置が通常のスマッシュよりも奥になるので、ゆるめの角度を意識して、長めに打つようにする

[軌道]

スマッシュは直線的に速く沈み、カットスマッシュはスマッシュよりはわずかにゆるく短めに落ちる。とくにスマッシュは、コート後方からのショットとはいえ、少し前で打ちたい

[コース]

どちらも相手から遠い、ライン際がねらいめ。ボディに入れるのもひとつ。スマッシュは長め（▲）をねらうのも効果的（ロングスマッシュ）。相手の構えが前傾しているなら打ってみよう

スペシャルレッスン

コースをねらう練習をしよう

スマッシュはライン際をねらえるとベストです。あまりぎりぎりをねらいすぎるとアウトになるので、少しだけ内側をイメージします。私は小さいころからよくシャトルの筒をコートに置いて当てる練習をしていました。ただし、打ちすぎてしまうと肩を痛める心配があります。回数を多く打つというよりは、しっかりコースをねらって、集中して練習するようにしてください。

シャトルの筒はラインのやや内側に置く。体はねらう方向に向ける

01 フォームづくり＆感覚をつかむ
手投げノック（1コース）

1 サービスライン付近で打つ

ノッカー

選手

1 選手はサービスライン付近に立ち、ノッカーから手投げで出された球を、プッシュのように、その場でスマッシュする。

2 慣れてきたら徐々に立ち位置を下げて、奥からスマッシュを打つ。最終的にはダブルスのロングサービスライン付近を目指す。

＊最初から後ろで打てる人は後ろから始める

2 動いて奥から打つ

ポイント

● 選手…1では、チャンス球をプッシュでたたくようなイメージで打つ。2では、前から後ろに下がり、シャトルより後ろに入って体の前で打つようにする

● ノッカー…高さをなるべく出すように投げる

● 回数…10回を1セットとして、少しずつ後ろに下がっていく

スペシャル
レッスン

ネット前で打つことで感覚をつかむ

スマッシュのスピードが出ない理由として、タイミングが合っていないこと、全身が使えていないことがあげられますが、ネット前で打つことにより、体重を前に乗せて打つ感覚をつかみやすくなります。一方、最初から後ろで練習すると、シャトルの後ろまで体を運ぶことが難しく、シャトルに体重を乗せて打つ感覚がつかみづらくなります。

02 前後に動いて打つ
ノック（1コース）

ノッカーは奥のコートのサイド側から球を出し、選手は中央から下がる動作を入れてスマッシュを打つ。ノッカーが安定してレシーブで返せるようであれば、ノックではなく連続してラリーで打ち合ってもよい。

ポイント
● 選手…中央から下がる動作を入れて、体の前で打つようにする
● ノッカー…正確に球出しができなければ、手前のコートから手投げでもよい
● 回数…10回×3セット

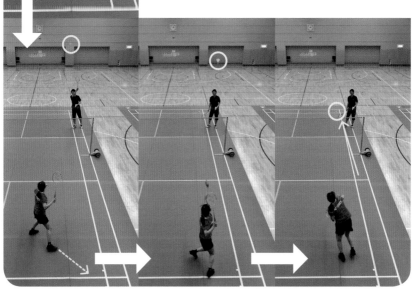

7

レシーブ

ねらうイメージを持って攻める気持ちで

レシーブと聞くと、守りのイメージが強いと思います。スマッシュで攻め立てられれば、気持ちも体も引きがちになりますが、打ち方のコツをつかんで、反撃に転じましょう。守ろうとするのではなく、そこから攻めようとする気持ちも大切です。打ち方で大切なのは、体の前で、しっかり振り抜くこと。足を出しながら打つことも、レシーブを安定させるコツです。

初級者が練習するときには、ネット前に短く返すショートリターンから始めるといいでしょう。続いてコート奥に返す

ロングリターン、速く低く返すドライブリターンと、バリエーションを増やしながら磨いてください。「ここに打ちたい」「守るだけではなく攻めることもできる」とねらうイメージを持つと、打てるようになると思います。また、ショートリターンの応用として、少し長めに沈める返球ができると効果的です。

試合では、対応エリアの広いバックハンドでレシーブすることが多いですが、フォアハンドもぜひしっかり練習してください。

相手の攻撃を
跳ね返すショット

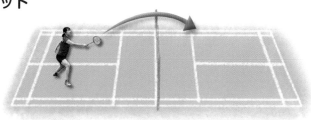

相手の強打を主に下から打ち返す。ネット前に短く返すショートリターン、コート奥に返すロングリターン、低く返すドライブリターンなどがあり、うまく返球できれば攻撃に転じることができる（イラストの軌道はショートリターン）。

基本を押さえる

具体的なショットを紹介する前に、
それぞれに共通する基本のポイントを取り上げる。

》》 立ち位置 後ろに下がりすぎない

スマッシュで押されると怖くなって、ポジションをどんどん下げてしまう初級者がいるが、できるだけ積極的に、前に立つ意識を持とう。そのうえで、自分が出した球の位置によって、前後を調整する。

ロングレシーブは打球の深さにより位置を調整

ロングレシーブ時の立ち位置は、自分がその前に出した球の深さによって前後を調整する。コート奥にしっかり上げたら（**1**）前寄りで（**❶**）、少し浅くなったら（**2**）やや下がって構える（**❷**）。甘い球を上げたときは（**3**）下がるが（**❸**）、体の前でとることは忘れずに。

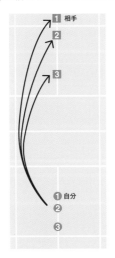

ヒザを少し曲げて構える

構えでは、中腰でヒザを少し曲げ、利き足をやや前に出したほうが動きやすい。

▶▶ タイミングの合わせ方
足でタイミングを合わせる

相手が打つ瞬間に、曲げたヒザを少し伸ばすようにカカトを上げて準備。動き出しのタイミングを相手の打球に合わせることが大切。

シャトルを見て対応する

相手のヒット

ヒザを曲げてタイミングを合わせる

ヒザを少し伸ばす

カカトを上げる

▶▶ 打点 体の前でとらえる

体の前で、足を出しながらとらえる。前でとると、相手のシャトルの力を利用することができる。

足を出しながらヒジを伸ばし、シャトルに合わせてラケットを出す。体というよりラケットから出すと打ちやすい

足が出ず、ヒジを曲げて、ラケットも体も引いた状態。差し込まれてしまって、力強く返せない

ショートリターン

≫ 相手を大きく動かす

相手を後ろから前に大きく動かすことができるレシーブ。次に相手にネットに切られることもあるので、打ったあとは準備をしっかりしよう。

3

レシーブの軌道とコース

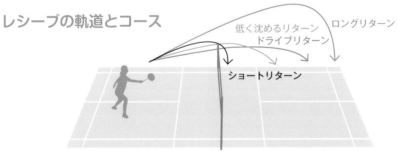

低く沈めるリターン
ロングリターン
ドライブリターン
ショートリターン

[軌道]

ショートリターンはネット前に小さく、ロングリターンは高く奥に、ドライブリターンは低く直線的に飛ばす。低く沈めるリターンは、ショートリターンよりも長めの軌道を描く

[コース]

ロングリターンは奥をねらうが、遠くへ飛ばすというより、高さで相手を抜くイメージ。とくにショートリターン（沈めるリターン）は、ねらいどころをイメージすると打球が安定する（85ページ図）

打球後その場で準備できる「低く沈めるリターン」

低く沈めるリターンは球足を少し長く返球する。ショートリターンで返すときと比較して、打ったあとポジションを前に詰めずにその場で準備できるメリットがある。

2 ⟵ 1

ねらいどころを
意識する

ショートリターンはとくに、ねらいどころ（図の●）を頭に描くことが大切。また、低めに沈めるように打つのも効果的。このときも、ねらい（図の■）を定めて打とう。

●ショートリターンのねらいどころ
■低く沈めるリターンのねらいどころ

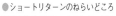

相手コート

前に落とすイメージで
制球力アップ

左図のようにねらいどころをはっきりイメージすることができると、置きにいくショットにはならず、体も自然に入っていくので、きちんと制球しやすくなる。

ロングリターン

>> 相手の
逆を突く

スマッシュを打って前に出
ていきたい相手の逆を突く
ことができるレシーブ。前
に詰めたい相手に対して高
さを意識し、上げたラケッ
トの先を抜くように打つと
よい。

ドライブリターン

>> 流れを
変える

低く速い展開にして、ラリー
のリズムを変えることがで
きるレシーブ。四隅をねら
うのがうまい相手、ボディ
周りが苦手な相手にも有効。

体重移動して大きく飛ばす

大きく飛ばすレシーブのため、振り抜きのパワーが必要。しっかり前に振り抜けるように、後ろから前に体重移動をして返す。ヒット後、大きく振り抜こう。

打点を前でとり、押すようにはじく

打点をしっかりと前にとって、打つ瞬間に、押すようにはじく。浮かせないことを意識する。相手のスマッシュが少し甘くなったときが、打つチャンス。

フォアハンド

>> 足を出して、体の前で

ラケットを引いたときに体が開きやすい
フォアハンドは、打点が後ろになりがち。足
を出して体の前で打つことを、より意識す
るようにしよう（写真はショートリターン）。

1

アドバイス **ラケット、
体は引きすぎない**

シャトルをとらえる際に体が開くとラ
ケットを必要以上に後ろに引くことに
なり、体も後傾しがちで打点も後ろに
なってしまう。

右足を
出しながら、
前でとらえる

2　3

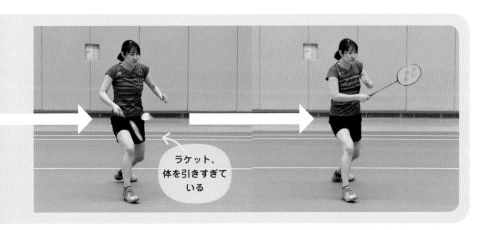

ラケット、
体を引きすぎて
いる

01 フォームづくり
手投げノック（1コース）

バック

ノッカーは奥のコートから、フォア、バック、センターそれぞれの立ち位置から手投げで球を出し、選手は前後の動きを入れながらレシーブで対応する。最初はフォアとバックを行い、打てるようになったらセンターで実施する。ショートリターン、ロングリターン、ドライブリターンのいずれかを意識して返球するとよい（02も同様）。

センター

ポイント

● 選手…センターで行うときは、フォアハンド・バックハンド（ボディ周りを含めて）両方で打つ。ラケットの素早い持ちかえにもつながる
● ノッカー…プッシュをイメージし、上からやや強めに投げ下ろす
● 回数…10〜15回×3セット

02 左右に動いて打つ
手投げノック(2点)

ノッカーは奥のコートの中央から、左右に手投げで
球を出す。選手はスマッシュレシーブのイメージ
で、斜め前後の動きを入れながらレシーブで返球
する。コート中央にシャトルの筒などを置いて、ス
テップの際の目印にしてもよい。

ポイント
- 選手…体の前でシャトルをとらえるよ
  うにする
- ノッカー…スマッシュをイメージし、
  強めに球を出す
- 回数…10回×3セット

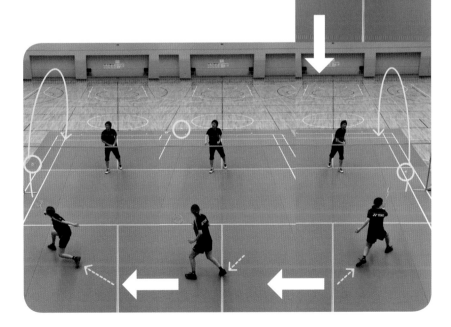

8

ヘアピン

相手に下でとらせて次に攻める展開へ

バドミントンではよく、「ネットを制する者は試合を制する」といいますが、その通りだと思います。自分のコートのネット前から相手コートのネット前に短く返すヘアピンをきれいに入れることができれば、相手は下から上げるしかなく、こちらが次に攻撃することができますし、ネットぎりぎりにコントロールできれば、一発で決めることも可能です。ラケットを力強く振るわけではないので、比較的体力を使わないで済むというのも、このショットの特徴です。

初級者ならヘアピンは、相手がコート中央より後ろにいるときを目安に使うようにしてみましょう。苦しい場面では無理に打たないこと。ネットショットは繊細なテクニックが必要なので、余裕がないとミスにつながります。

また、ヘアピンを使いすぎると、全体的に自分のプレーが小さくなる恐れもあります。試合の出だしはロブをしっかり打つなど大きな展開を心掛け、自分の体が十分に動いて、相手の特徴をつかみ始めたころから使えれば理想的でしょう。

どんなショット？
ネット前から相手のネット際に落とすショット

シャトルの軌道が髪を留めるヘアピンに似ていることから名づけられた。パワーを必要としないぶん、繊細なタッチが求められる。基本のフォームとラケットワークを身につけて精度を高めよう。

フォアハンド >> 足をしっかり踏み込む

Hit!

B 4 3 B

利き足で
踏み込む

腕は自然に伸ばす

打球は待つのではなく、迎えにいくようにとらえる。
打点はなるべく前で、かつ上でとるようにするが、腕
を必死に伸ばしてとろうとすると固くなってしまう。
上でとることを重視しすぎず、シャトルに合わせるよ
うに、利き腕は少しゆるめた感じで自然に伸ばす。

B ✕

棒のように腕を
伸ばしている

上の写真3と
比べてみよう

まずはネット前への入り方が大切。「ヘアピンは足で打つ」ともいわれるが、利き足で
しっかり踏み込んで打つことを意識しよう。

前から

🔍
ポイント

足を入れないと
球が安定しない

足をしっかり入れずに体
が残ったまま打つと球が
安定しない。足をよく踏
み込むことは、ロブなど
ネット前のすべてのショッ
トに共通するポイントだ。

95

バックハンド  ≫ 足の踏み込みが大事

ポイント

真ん中に戻って
練習しよう

練習では、コートの真ん中付近に一度戻ってから、足を入れて打つようにしよう。トップ選手の練習でも1回戻って前に出て打っている。

Hit!

フォアと同じく、足を踏み込むことが大事。試合でミスが出るときには、まずはしっか
り足を入れることができているか確認するとよい。

Hit!

利き足で
踏み込む

ヘアピンの軌道とコース

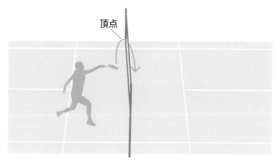

頂点

[軌道]	[コース]
自陣に山の頂点がくるよ うに、ネットぎりぎりを ねらう	サイドライン際をねらうこと よりも、短く入れることを意 識する

シャトルのとらえ方

>> フォア…「3時から6時」に切る

円を描くように

ラケット面をシャトルにしっかり沿わせるつもり
で、ていねいに動かす。

拡大

 **薬指と小指で握り込み、
人さし指で押す**

ポイント

親指と人さし指の間に指が1本入るくらいの余裕
のある握りから、打つ瞬間に力を入れる。薬指と
小指で握り込んで、人さし指で前に押すイメージ。

横から

後ろから

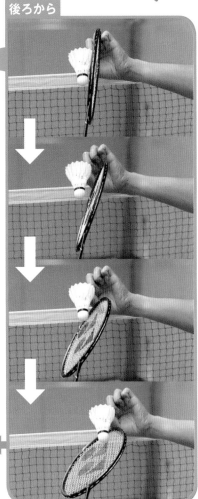

❌
面を切りすぎない
回転をかけようと思
って面を切りすぎると
打球が浮きやすくなる

基本のフォームが理解できたら、シャトルのとらえ方をマスターしよう。スイングの軌道を「時計」に見立てるとイメージしやすい。

バック…「9時から6時」に切る

面を立てて入る

ラケット面は床と平行に入れるのではなく、斜めに立てて入れると打ちやすい。

拡大

後ろから

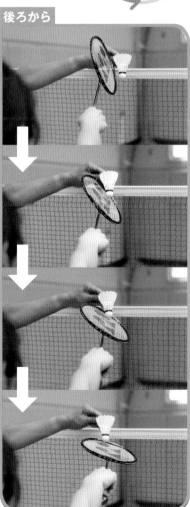

 ### 親指で押す

親指と人さし指の間に指が1本入るくらいの余裕のある握りから、打つ瞬間に親指に力を入れる。立てたグリップを横にする感じで押す。

横から

面を切りすぎない

フォアと同様、切りすぎは禁物。半円の半分まで切るイメージで

>> フォアハンドで打つ

 シャトルをしっかり見る

シャトルは回転して落ちてくるので、コルクが下を向いた瞬間を見逃さないで打つことが大切。意識してよくシャトルを見るようにしよう。

ラケットを斜めに立てて入る

とくに、ネットにかかるなら「最後まで押し入れること」、伸びてしまうなら「ラケットを少し立てて振りを小さく打ってみること」を意識してみよう

 「プリンを少しすくう」ように打つ

ヘアピンの打ち方のコツとして、私はよく「プリンを食べるとき、スプーンで上から少しすくうイメージで」と伝えます。「大きく」ではなく「小さく」というのがポイント。ラケットを大きく動かすとシャトルが浮きやすくなるので、動かす幅は小さく。そのほうが、球足の短いヘアピンが打てるのです。

くずさないように、ていねいに！

小さくすくうイメージ

大きくすくってはいけない

100

ポイントを確認しながら、実際に動いて「3時から6時」にシャトルを切ってみる。
フォアハンドと同じポイントを意識してバックハンドもやってみよう。

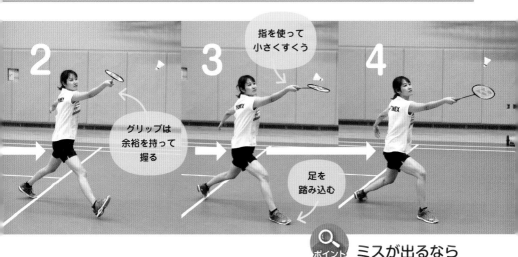

ポイント ミスが出るなら

ヒットの瞬間の最後に、前に押し入れる感じで、ていねいに打つ。

プラス α

ラケット面を水平にしてまっすぐ出す打ち方も試してみよう

フォアでもバックでも、高い打点でとれる場合、床と水平にしたラケット面をまっすぐ前に「パッ」と出す打ち方も、練習してみよう。ここまでに紹介した打ち方だと、シャトルには不規則な回転（スピン）がかかるのに対して、この打ち方ではコルクと羽根が交互に上下して回ることになる。

ラケットを出すとき、最後にシャトルをネットの向こうに持っていくイメージを持つと、打球が浮くのを防げる

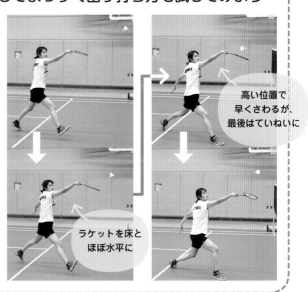

01　フォームづくり
手投げノック（1コース）

ノッカーは奥のコートで、フォア、バックそれぞれの立ち位置から手投げで球を出し、選手はヘアピンで返球する（写真はフォアサイド）。目印としてシャトルの筒では小さいので、箱やカゴなどを用いてもよい。

ポイント

● 選手…最初はその場で打つことから始め（写真）、慣れてきたら前後の動きを入れる。コース（サイドライン際）もねらうが、ネットから短く落とすように意識する
● ノッカー…最初は選手が高い位置で打てる球を出す
● 回数…20回×3セット

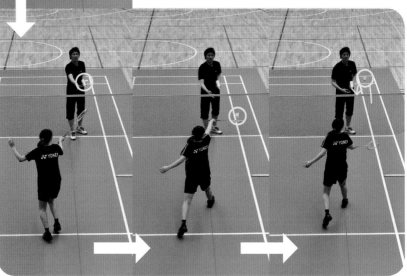

02 左右に動いて打つ
手投げノック（2コース）

ノッカーは奥のコートの中央から、左右に手投げで球を出す。選手は中央を経由しながらフォアとバックのヘアピンを打つ。コート中央にシャトルの筒などを置いて、ステップの際の目印にしてもよい。

ポイント

● 選手…01と同じように、コースと短さを意識する
● ノッカー…リズムが早くなりすぎないように球出しする
● 回数…10回×3セット

9

ドライブと
プッシュ

甘い球を速く押し込む

ドライブは、相手のスマッシュが浮いてきたり、つなぎ球が甘く入ってきたりしたときに打つショット。シングルスはコートの四隅をねらって相手を動かすことが基本ですが、ドライブを使って速く返球したりボディを攻めることができれば、戦い方に幅ができます。

プッシュは奥に追い込んだ相手のレシーブが甘くなったときなど、チャンスの場面で使う決定打です。決まれば勢いがついて、相手にダメージを与えられます。ネット前に甘く上がった球への対応

だけに、肩に力が入りがちになりますが、力を入れすぎないように軌道をイメージして打つといいでしょう。

どちらも、スマッシュやクリアー、あるいはヘアピンといったショットに比べて、練習ではあまり重視されないかもしれません。けれど、どちらも速いショットのため、練習をしておくと、自然に次への早い準備ができるようになり、いろいろなショットに対応しやすいというメリットもあります。ぜひくり返し、練習してみてください。

どんなショット？
上から打つ直線的な攻撃ショット

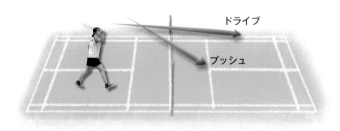

相手の球が甘く返ってきたとき、コート中盤から打つのがドライブ、ネット前で打つのがプッシュ。どちらも速く攻撃的なショットで、打ち方のポイントに共通点が多い。

ドライブ（フォアハンド） ▶

>>> 体の前で振り抜く

フラットに押すイメージで、ラケットを前に振り抜く。打点は体の前で、打つ瞬間に少し握り込む。

🔍 待つのでなく
ポイント **打ちにいく**

待って打つのではなく、打ちにいくのが大前提。待つとワンテンポ遅れてスピードも落ちてしまう。利き足を必ず出して、球を迎えにいこう。

1

前から

ビギナーの場合は、最初はゆっくりでいいので、しっかり足を出しながら、球筋が浮かないことを意識して練習しよう

2   3

後ろに下がりすぎずに練習しよう

練習のときに、ポジションを下げて打ち合う選手が少なくない。下がりすぎるとスピードや威力に欠けたドライブになりがち。速さに慣れてネットすれすれの鋭いドライブを打つためには、写真のようにショートサービスラインの少し後ろくらいに立つよう意識しよう。

構えでは、少しヒザを曲げて、利き足をやや前に出しておくと動きやすい

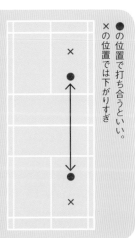

●の位置で打ち合うといい。
×の位置では下がりすぎ

ドライブ（バックハンド） ▶

》》 親指で押すイメージ

親指をメインに使って押す
イメージで、打つ瞬間に握
り込む。大振りにならない
ように注意しよう。

アドバイス　ラケットは小さく振る

最後に手首を返しすぎない。打っ
てすぐ次に構えられるように、ラ
ケットは小さく振ろう。

3

ドライブの軌道とコース

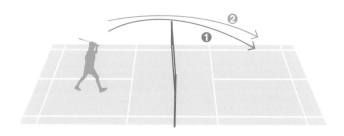

[軌道]

ネットに対して少し上がって沈む❶、直線的に
沈む❷の2種類がある。❶はスピードを落として
もいい

[コース]

ボディか、相手を左右に動かす位置をねらうと
崩しやすい

2　　1

前から

浮かせないためには、軌道をイメージして打つ

プッシュ（フォアハンド）

>> ## スイングを小さめに

ラケットの振り方はスマッシュのイメージと近い
が、ネットに近いため、振りを小さくしよう。

打点を前に

ネット前に甘く上がってくる球に
対し、後ろでとらえるとネットにか
けやすくなる。必ず打点を前にす
ることが大切。

1

前から

肩の力を抜いて正しい打点で打とう

アドバイス　## ネット際は振り幅をとくに小さく

とくにネットに近い球に対しては、ラケットの振り幅を小さくして打とう（瞬間的に振り戻すイメージ）。少し難しくなるが、連続でノックを出してもらって練習するとよい。

小さく振ればタッチネットなどのフォルトを防げ、次への対応も早くなる

プッシュ（バックハンド）

>> ドライブを下に
たたきつけるように

打ち方はドライブに似ている。ドライブを下にたた
きつけるイメージで打とう。

体ごと前に

フォアハンドと同じく、前で
とることが大事。体ごと前に
出て、ラケット面の上のほう
でヒットするとよい。

3

プッシュの軌道とコース

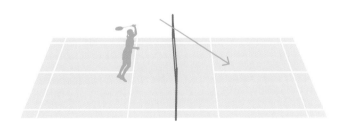

[軌道]	[コース]
ネット際から鋭角に相手コートに突き刺す感じで	ボディ、または相手を見てオープンスペースに打ち抜く

タイミングを合わせて体の前でヒット。軌道をイメージして打つ

ドライブとプッシュ 共通チェックポイント

1 >> 打点は体の前、ラケット面の上のほうでヒット

シャトルはラケット面の真ん中ではなく、少し上のほうでとらえるほうが、タッチが早くなる。「打点を前に」「面の上部で」と意識して打つようにしてみよう。

ドライブの打点

プッシュの打点

どちらもラケットを引きすぎて、シャトルを体の後ろでとらえている

2 ≫ ラケットをすぐに上げて次の準備を早く

打ってそのままシャトルを見てしまい、ラケットが下がったままになっている選手も多い。ドライブとプッシュは速いショットなだけに、すぐにラケットを上げて、次に備えることが大事。

ヒット後

打ってすぐに
ラケットを上げる

打ったあとラケットが下がった
まま

3 ≫ グリップはゆるめに握り、力を入れすぎない

グリップは基本のイースタングリップでゆるめに握って構え、打つ瞬間に握り込む。初めからぎゅっと強く握ったり、手首に力を入れたりしないようにしよう。

親指と人さし指
の間に指が1本
入る程度にゆる
めに握っておく

隙間なく固く握ってしまう
とラケット操作がスムーズ
にできない

115

ドライブ

01 フォームづくり 手投げノック（1コース）

ノッカーは相手コートのサイド側な
どから手投げで球を出し、選手はド
ライブで相手コートに打ち込む。

- 選手…速い球を打ち返す感覚を養
  うこと、打ったあとに（次に備えて）
  すぐラケットを上げることを意識
- ノッカー…上投げで速く低い球を
  出すようにする
- 回数…10〜15回×3セット

02 ラリーの中で打つ 1対1で打ち合い

選手、パートナーともサービスライ
ンより少し後ろに立ち、互いにドラ
イブを打ち合ってラリーを続ける。

- 選手&パートナー…なるべく球が
  浮かないようにドライブを打つ
- 回数…10〜20回×2〜3セット

プッシュ

01 フォームづくり 手投げノック（1コース）

ノッカーは相手コートのサイド側などから手投げで球を出し、選手はプッシュで相手コートに打ち込む。

- 選手…立ち位置はP116の01よりも前。甘い球を前でたたく感覚を身につける
- ノッカー…下投げでゆるい球を出すようにする
- 回数…10回×3セット

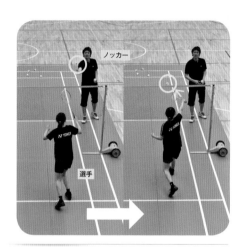

02 ラリーの中で打つ 1対1で打ち合い

選手はサービスライン付近、パートナーはサービスラインより後ろに立ち、選手はプッシュで打ち、パートナーがレシーブで返球しながらラリーを続ける。

- 選手…力まずに打ち、ネットにかけないようにする
- 回数…10〜20回×2〜3セット

10

一発逆転ショット

追い込まれたときの対応を磨こう

コート奥に追い込まれた場面で、相手の逆を突くショットが打てれば、相手にプレッシャーを与えられ、流れを変えることができます。

相手からすれば、追い込んだあとはネット前ストレートへの返球を予測することが多いもの。その裏をかくように、クロスに打つことができたら、かなりの確率で決定打になります。

そのクロスも、速い球、ゆるい球など球種はさまざま。また裏の裏をかくストレートへの配球もまぜて、多彩に反撃できるようにしましょう。

ここでは、こうした一発逆転打として、フォア奥からクロスへ3種類、ストレートへ1種類、またバック奥からは、クロ

スへ2種類（バックハンドとラウンド）、ストレートへ1種類（ラウンド）のショットを紹介します。

試合で追い込まれた状況に置かれると、考える余裕はありません。そのためノック練習で追い込まれた場面を作り、体が無意識に反応するようになるまで、くり返し打ってみることが大事です。私は小学校、中学校のときに何度も練習していました。

球を出してもらったときに、試合中の相手をイメージしながら相手側コートを見て、どこに打つかしっかり意識するようにしてください。最後まで何を打つかわからないフォームで、打つ瞬間に打ちたい方向に面を向けるようにします。

フォア奥からの逆転ショット

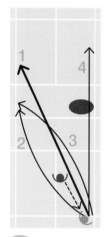

フォア奥に追い込まれた場面での効果的なショットは主に4種類。ドライブやカットを使ってピンチをチャンスに変えよう。

1 ≫≫ 速いクロスドライブ

シャトルの下に入る勢いとスピードに乗って、速く力強く返すショット。

◆ フォア奥からのショット4種類

1〜4の数字はP120〜123のショットの番号に対応（太線はこのページで紹介）。カメラのアイコンは撮影位置を示す。相手は●部分を予測するので、その逆を突くコースをねらう

 打点が後ろになると力強く返せない

1〜4すべてのショットにいえることだが、追い込まれた状態とはいえ、打点が後ろにならないように気をつけよう。シャトルの落下点よりも先に後ろに入って、体の前で打つイメージ。また腕が伸びきるとしっかり打てないので、ヒジに余裕をもたせる。

シャトルを
よく見て
スイング

4

2 ≫ 振り抜きクロス

1のドライブと似ているが、最後にやや力を抜いて、上から下に少し切ることでネット前に沈ませる。1よりも余裕があるときに使う。

右足の前で
ヒット

3 ≫ ゆるいクロスカット

上から下に完全に面を切ることで、ネット前クロスに山なりに落とす。1よりも余裕があるときに使う。

面を切る

4 ≫ ストレートドライブ

1と同じイメージで、最後にラケット面をストレートに向ける。クロスより簡単。

面を
ストレートに

ラケットを後ろに開くとショットが安定しない。脇も開きすぎないようにする

フォア奥からのショット4種類

1～4の数字は P120～123のショットの番号に対応（太線はこのページで紹介）。相手は●部分を予測するので、その逆を突くコースをねらう。4は相手の裏の裏をかくイメージ

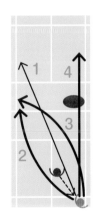

スペシャルレッスン 持ち球が多ければ相手を見る感覚が磨かれる

山口茜選手や奥原希望選手など、打てるショットの数が多い選手は、相手を見る感覚に優れています。さまざまなショットを打つ練習をすると、自分に選択肢が増えるので、相手をしっかり見ることができるようになっていきます。

1 >> 速いクロスドライブ　クロスに振り抜く。

打点

打点は右足前

2 >> 振り抜きクロス　最後に少し面を切る。

打点

打点は右足前

フォア奥からの逆転ショット4種類の違いを、ラケット面と打点からあらためてチェックする。

3 ≫ ゆるいクロスカット 最後に完全に面を切る。フォロースルーは小さい。

打点

面が上を向く

4 ≫ ストレートドライブ 最後に面をストレートに向ける。

打点

打点は後ろ寄りだが、右足よりは前。面は立つ

バック奥からの逆転ショット

バック奥からの効果的なショットは3種類。バックハンドでの対応をマスターしたら、ラウンドからのショットにも取り組んでみよう。

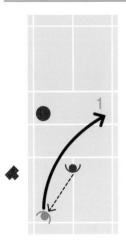

バックアンダークロスのコース

カメラのアイコンは撮影位置を示す。相手は●部分を予測するので、その逆を突くコースをねらう

1

 アドバイス　**ラケット面を立たせる**

面が下がっていると、力強い打球を返せない。ラケットヘッドを上げて面を立たせるようにしよう。

ラケットヘッドを
上げて打つ

ラケットヘッドを
下げて打つ

7

1 ≫ バックアンダークロス

ビギナーにとってハイバックは難易度が高い。ここでは低い打点からクロスに打ってピンチをチャンスにしよう。

ポイント シャトルの後ろに入り、自分の前で打つ

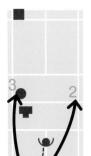

ラウンドからのショットのコース

カメラのアイコンは撮影位置を示す。相手は●部分か■部分を予測するので、その逆側の
2のコースをねらう。3のコースをねらうときは、タメを作ってネットぎりぎりに落とす

2 >>> ラウンドからの
フェイントクロスカット

打つ瞬間にワンテンポ遅らせて間を作り、面を切る。ストレートに比
べ、打ちたい方向に最後までしっかりフォロースルーをとる。

ワンテンポ
遅らせながら
ラケット面を
リバースで切る

しっかり
フォロースルー

3 ≫ ラウンドからのフェイントストレートドロップ

クリアーと思わせてドロップ。タメを作り、体の前で打点をとって、打つ瞬間に面を切る。
ワンテンポ入れると相手の足を止めることができる。

ワンテンポ
遅らせながら
ラケット面を
リバースで切る

追い込まれたときラウンドから速いショットは打たない

ラウンドからはゆるいショットで返すほう
が効果的。ラウンド側に追い込まれると、
体勢が崩れていることが多く、戻るのに時
間がかかる。速いショットを打ってしまう
と、次への対応が遅れる。フェイントカッ
トやドロップでタイミングを遅らせて相手
の足を止めることが大切だ。ただし、いい
体勢で入れたときは速いショットも使おう。

基本が身につく　練習メニュー

フォア奥

01 フォームづくり 手投げノック(その場で)

ノッカーは手前コートの外から手投げで球を出し、選手はP120〜123で紹介した4つのショットで、ストレートとクロスに打ち分ける。

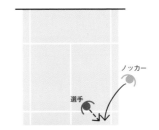

 ポイント
● 選手…まずはその場でコースを打ち分けられるようにする(できるようになったら02を行う)
● ノッカー…下投げで、あまり厳しくない球を出す
● 回数…10〜20回×3セット

最初はその場で、精度が上がってきたらセンターから移動して打つ

---

02 動いて打つ 手投げノック(中央から)

ノッカーは01と同じ位置から球を出し、選手は中央からステップを踏んで対応する。打ったあとも中央に戻ってくり返す。

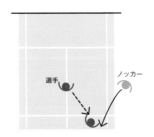

 ポイント
● 選手…移動が伴う中でも体の前でシャトルをとらえる
● ノッカー…選手を追い込むような厳しめの球を出す
● 回数…ストレート:10〜15回×2〜3セット、クロス:10〜15回×2〜3セット、ストレート&クロスの打ち分け:10〜15回×2〜3セット

 アドバイス **まずはフォームを覚え込む**

一発逆転ショットは打つ瞬間、相手にわからないようにストレートとクロスに打ち分ける判断が大切。初級者はまずその場で打ち込んで、フォームをつくることが重要だ。

バック奥

 フォームづくり 手投げノック（その場で）

P126〜129で紹介した３つのショット
を、まずはその場で打つ。ノッカーの立つ
位置は、右の図のようにショットによって
変わる。

ポイント
- 選手…P126〜129であげた各
  ショットの注意点を意識する
- ノッカー…❷❸では、大きく高
  さが出るように上から投げる
- 回数…各ショットとも10〜20回
  ×３セット

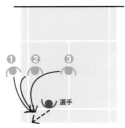

ノッカーの立ち位置と
ショットの関係
❶バックアンダークロス
❷フェイントクロスカット
❸フェイントストレートドロップ

 動いて打つ 手投げノック（中央から）

P130の01から02への発展と同様に、上の
図のパターンを中央からスタート。

ポイント
- 選手＆ノッカー…01と同じ
- 回数…ストレート：10〜15回×
  ２〜３セット、クロス：10〜15
  回×２〜３セット、ストレート＆
  クロスの打ち分け：10〜15回×
  ２〜３セット

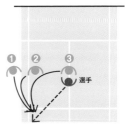

ノッカーの立ち位置とショットの
関係は上の図と同じ

 １本で試合の流れを変えられる

一発逆転ショットを練習するように
なったのは、小学生のときに海外の
トップ選手のプレーを映像で見て感動
してから。その選手は、追い込まれた
ギリギリの体勢から、打つ最後の瞬間
に体をひねってコースを変えていまし
た。相手はいいショットを打って追い

込んだので返球されないと思ったのか、
逆を突かれた返球に全く対応できなか
ったのです。
こうしたショットを一つでも持ってい
ると、試合の流れを１本で変えること
ができるので、自分の中でも大切な
ショットでした。

フットワーク

コーナーまでていねいに動ききる

　フットワークが上手にできれば、コートの中を移動するのが楽になります。練習では、打つことばかりに力を入れるのではなく、動きのベースとなる足運びをまずはマスターするようにしてください。私自身、現役のころは、調子が悪いとフットワークをよく練習していました。

　とくに初級者は、最初は速く動かなくていいので、必ずシングルスコートの四隅まできっちり動くことが大事です。足だけではなく、体を四隅まで運ぶイメージです。動いているつもりでも、だんだん移動距離が短くなりがちです。ゆっくりで構わないので、シングルスコートのコーナーまで、ていねいに動ききること

を意識してください。それができるようになれば、試合で楽になります。確実に動ききる選手が、強くなるのです。

　またフットワーク練習の際は、ラケットの振り方にも注意しましょう。ただ足を動かすだけではなく、フットワークとラケットワークが連動していないと意味がありません。体の前でシャトルを打っているイメージを持つことが大切です。体の前でとるには、シャトルの下までしっかり足を運ぶ必要があります。

　ここではフォア前、バック前、フォア奥、バック奥、フォアサイド、バックサイドの6方向の足運びを紹介します。練習でくり返し動いてみてください。

フォア前 ▶

後ろ足でけって距離を出す

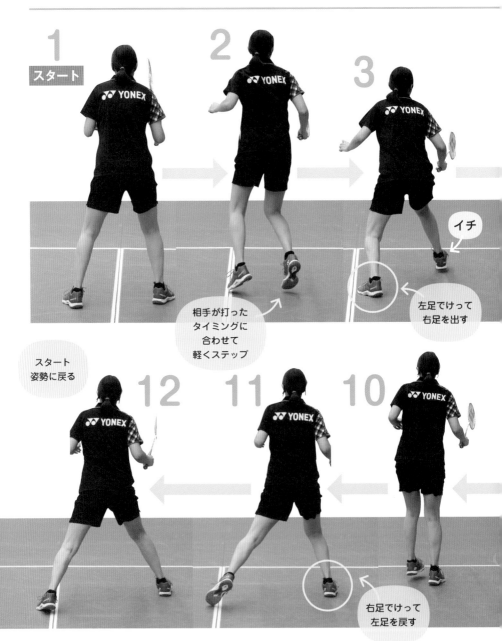

1
スタート

2

相手が打った
タイミングに
合わせて
軽くステップ

3

イチ

左足でけって
右足を出す

スタート
姿勢に戻る

12

11

10

右足でけって
左足を戻す

利き足だけで動かないことが大切。逆足でけって前に入ると、距離が出る。左手を伸ばしてバランスをとると安定する。

バック前① >> 遠い球は3歩で

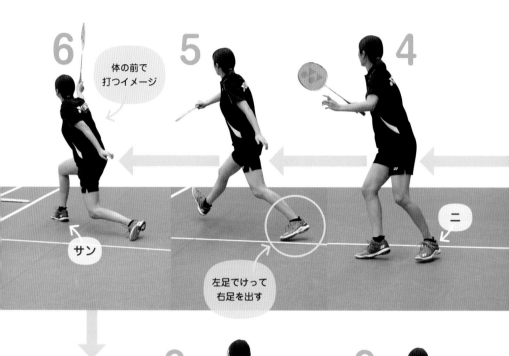

6

体の前で
打つイメージ

5

4

サン

ニ

左足でけって
右足を出す

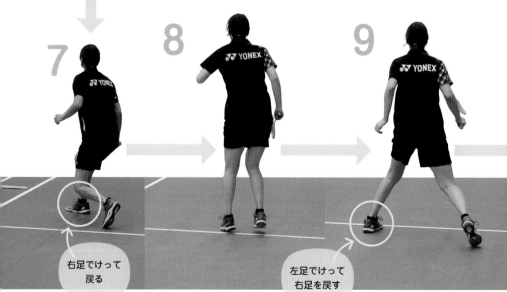

7

8 YONEX

9 YONEX

右足でけって
戻る

左足でけって
右足を戻す

遠い球に対しては3歩でとりにいく。1歩目の右足を小さめに
出し、3歩目の右足を大きく前に出すことがポイント。

移動方向

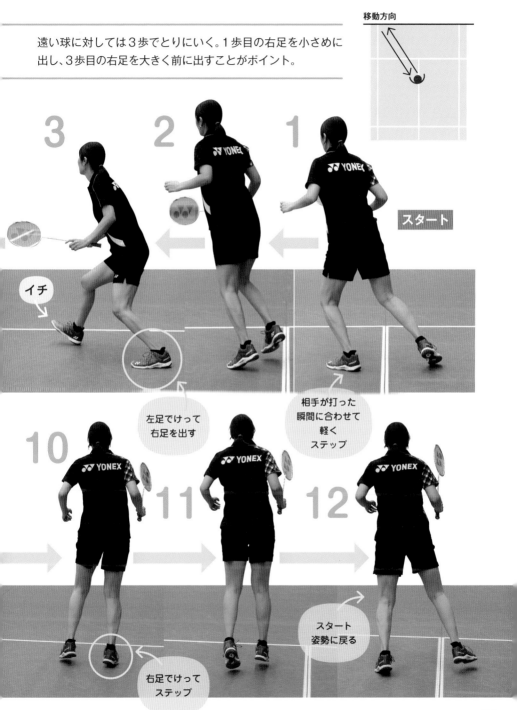

3

2

1

スタート

イチ

左足でけって
右足を出す

相手が打った
瞬間に合わせて
軽く
ステップ

10

11

12

右足でけって
ステップ

スタート
姿勢に戻る

テーマ2

バック前②   >>   近い球は2歩で

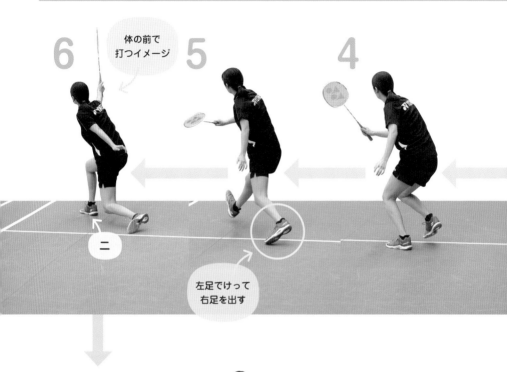

6   体の前で打つイメージ   5   4

二

左足でけって右足を出す

7   8   9

右足でけって戻る

左足でけって右足を戻す

近い球に対しては２歩でとりにいこう。最初に右足でけって１歩目の左足を大きく前に出すと対応しやすい。

移動方向

3

2

1

スタート

イチ

右足でけって
左足を出す

相手が打った
瞬間に合わせて
軽くステップ。
体重移動して
動き出す

10

11

12

スタート
姿勢に
戻る

右足でけって
ステップ

フォア奥 ▶ »» 体を斜め後ろに引く

ポイント 下がる方向に
体を引く

前から

1 スタート

2 相手が打った
瞬間に軽く
ステップして
スタート

3

4 足だけでなく
体も引く

イチ

左足でけって
右足を出す

15 スタート
姿勢に戻る

14

13 右足でけって
ステップ

12 左足でけって
右足を出す

体の向きをしっかり斜め後ろに引く（半身になる）ことがポイント。素振りをするときに左手を上げるとバランスがとりやすい。

移動方向

5

6

7

8

ニ

サン

左足でけって
右足を出す

9

11

10

右足でけって
左足を出す

左足→右足の
順に接地

141

バック奥 ▶

半身になってラケットも引く

8 7 6 5

サン

ニ

左足でけって
右足を出す

9 10 11 12

左足→右足の
順に接地

右足でけって
左足を出す

とくにバック奥（ラウンド側）は、半身になると同時にラケット
も引くと、足と連動して動きやすくなる。

移動方向

体もラケットも
同時に引く

スタート

4 **3** **2** **1**

イチ

左足でけって
右足を出す

軽く
ステップして
スタート

13 **14** **15** **16**

左足でけって
右足を出す

右足でけって
ステップ

スタート
姿勢に戻る

フォアサイド ▶ ≫ 左足で強めにけり出す

1 スタート

2

3

イチ

ニ

タイミングを合わせた
ステップ時に左足で
けって右足を出す

左足でけって
右足を出す

12

11

10

スタート
姿勢に戻る

左足でけって
ステップ

右足でけって
左足を戻す

写真1での右足は、前ではなく横にけり出すことがポイント。素
振りの際は、ラケットをそのまま体の横に出してスイングする。

移動方向

ラケットを
後ろに
引きすぎない

打点は体の前で
コンパクトに
振る

サン

右足でけって
戻る

左足でけって
ステップ

バックサイド

右足で強めにけり出す

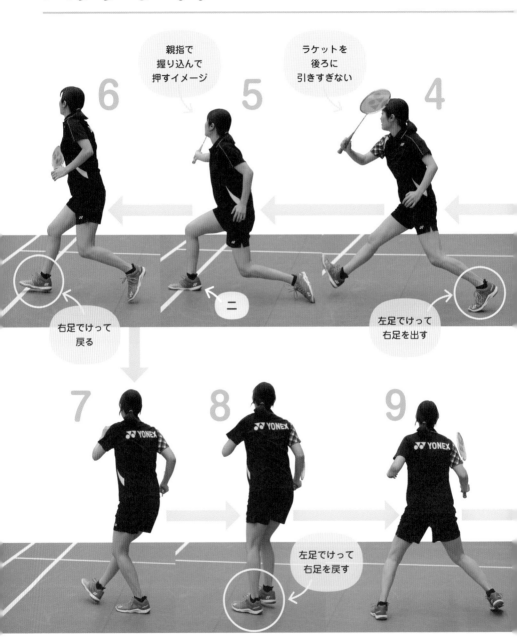

移動方向

タイミングを合わせたステップ時に右足でサイド方向にけり出す。素振りでは親指の握り込みを意識するのがポイント。

3 **2** **1** スタート

イチ

タイミングを合わせた
ステップ時に
右足でけって左足を出す

10 **11** **12**

右足でけって
ステップ

スタート
姿勢に戻る

スタート姿勢は
ヒザを少し曲げる

紹介した6つのどの方向に進む場合も、フットワークのスタートの姿勢は同じ。ヒザを少し曲げて、右足（利き足）をやや前に出すと動き出しやすい。

まずはその場で
素振りをしよう

フットワーク練習を始める前に、まずはその場でラケットを振って素振りをするのがおすすめ。ラケットワークを確認してから、足の動きと合わせて練習するとよい。

フォア前

コンパクトに
スイング

体の前で
打つイメージ

◎左下の写真3点はフォア前の素振り。大振りしないで、体の前で振るように気をつけよう

◎下の写真3点はオーバーヘッドの素振り。ラケットをよく引くイメージをつけると、フットワークのときに斜め後ろにしっかりと下がりやすくなる

オーバーヘッド

シャトルが
頭の前にくると
必ず想定

ポイント

徐々に動く範囲を広げよう

行って、戻ってと、1方向のフットワークができるようになったら、たとえば次はフォア奥、バック奥の「後ろ2点」を練習。続いて「前2点」、そして「4点」など、徐々に動く範囲を広げていくとよい。

後ろ2点

前2点

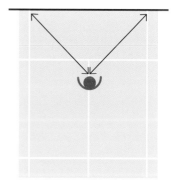

フォアサイド、バックサイドも加えた6点でランダムに行い、動く範囲を広げてもよい

基本が身につく　練習メニュー

01　素振りを入れたフットワーク

1　前後

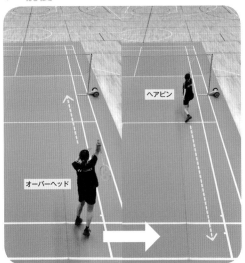

オーバーヘッド

ヘアピン

各ショットの素振りを入れて、フットワークを行う。コース例は前後（1）、クロス、前2点、後ろ2点、サイド2点、リボン（2）など。

ポイント

● 選手…事前に各ショットの素振りが正確にできているか確認してから、フットワークを行うようにする
● 回数…各コース10回などからスタートし、少しずつセット数を増やす

2　リボン

写真の点線はフォア奥→フォア前→ラウンド→バック前の順だが、フォア奥→バック前→ラウンド→フォア前の順でもできる

02 シャトル置き

シャトルをフォア前やラウンドなど１カ所に５つ置き、中央から開始。フォア前にシャトルを置いた場合（写真）は、フォア前でシャトルを１つ拾い、センター経由でフォアサイドに置く。その後、センター経由でフォア前に行きシャトルを拾い、センター経由でフォア奥に置く。同様に、ラウンド、バックサイド、バック前へと、フォア前からシャトルを移動して終了（最初にシャトルを置いておいたコース以外の５方向すべてにシャトルを置く。各方向への順序は自由でランダムに置いてもよい）。

シャトルを1つ拾う
スタート
シャトルを置く

ポイント

● 選手…シャトルは、自分が課題としているコースなどに置くとよい（例：ラウンドへの入りが遅いと感じている人はラウンド）。また、シャトルを拾う・置くときのフォーム（下写真）にも気をつける

● 回数…５個×１セットからスタートし、きつく感じなくなってきたらセット数を増やしていく（強度が高いので最初は無理をしない）

シャトルを置くときのフォーム

背すじがまっすぐで、ヒザがつま先より前に出ていない

背すじが曲がっている

ヒザがつま先より前に出ている（ケガにつながりやすい）

12

ショット
フットワーク

実戦的な練習として取り組もう

「ショットフットワーク」とは、フットワークの中にシャトルを打つ動作を組み合わせた、実戦に近い練習方法です。フットワークで動きの正確性を習得しながら、素振りをしたり、ノッカーが投げるシャトルを返球したりします。スタミナアップにも効果的。フットワークにおける動きが適切にできるようになってから行うようにしましょう。

選手は、素振りをしたあと次のショットを打つことばかりに意識がいき、速く移動しようとして素振りや動きがおろそかにならないようにすることが大事です。一方で、ノッカーの球出しも非常に重要。選手が間に合わないようなタイミングで投げないように気をつけましょう。選手のリズムに合わせることが大切です。

回数のめやすですが、ジュニア年代は紹介する10種目の中で、まずは1種目について5回を1セットとして取り組みましょう。動くコースや種類が複数あるので、「今日はサイドと前」「明日はサイドと後ろ」など、上達させたい部分を中心に調節するとよいでしょう。できるようになってきたら、回数や一度に取り組む種目やコースの数も増やします。私は現役時代、10種目＋逆のコースも含めて、各種目を10回ずつ行っていました。動きの正確さだけではなく、ショットの正確性も意識することが大切です。

①前後

スマッシュ（素振り）のあと、
前に出てヘアピン

 ノッカーの球出しが大切

逆サイド（バックサイド）でも行う。ノッカーは、選手がスマッシュの素振りをして、前に出てきたタイミングで少し山なりになるようにシャトルを投げる。

丸数字は写真の番号に対応

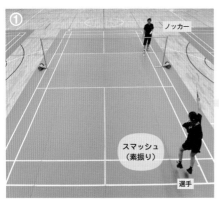

スマッシュ（素振り）でスタート

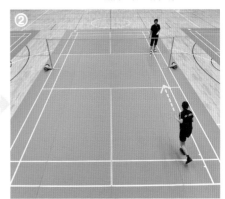

前に移動

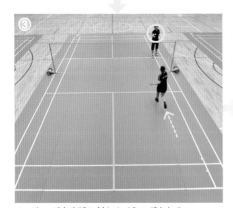

ノッカーが出す球に対しタイミングをとる

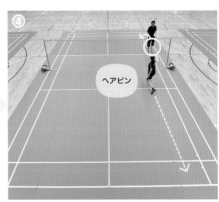

ヘアピン。その後後ろに下がる

154

②クロス

スマッシュ（素振り）のあと、センターを経由してネット前でヘアピン

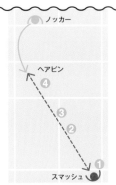

丸数字は写真の番号に対応

山なりの球で行おう

逆のコース（ラウンド→フォア前）でも行う。ノッカーは
P154と同様に、選手がスマッシュの素振りのあと前に出てき
たところで山なりにシャトルを投げる。

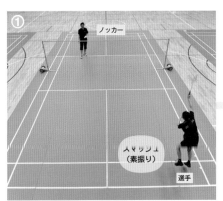

スマッシュ（素振り）でスタート

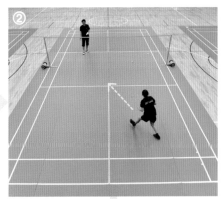

クロスへ移動

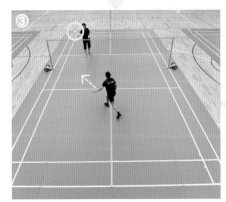

ノッカーが出す球に対しタイミングをとる

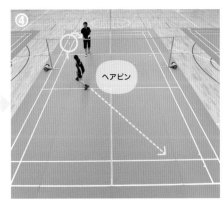

ヘアピン。その後、斜め後ろに下がる

155

③サイドレシーブ→クロス前

サイドレシーブ（素振り）のあと、
センターを経由してヘアピン

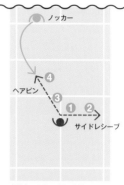

丸数字は写真の番号に対応

 ポイント 中央で方向転換を

選手はサイドレシーブの素振りのあとしっかりと中央に戻り、
ネット前に出ていくためのステップの切り替えをする。逆の
コース（バックサイド→フォア前）も行う。

中央からスタート

サイドレシーブ（素振り）

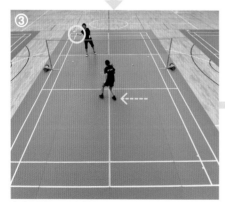

中央に戻ってから前に

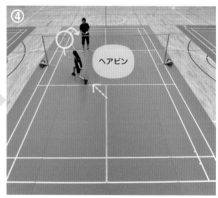

ヘアピン。その後、中央に戻る

④前レシーブ→サイドレシーブ

レシーブ（素振り）のあと、センターを経由してサイドレシーブ

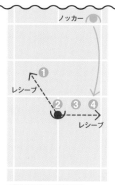

丸数字は写真の番号に対応

動きにメリハリをつける

選手は前レシーブの素振りのあとしっかりと中央に戻り、動きにメリハリをつけてサイドに移動。ノッカーはプッシュのイメージで投げる。逆コース（フォア前→バックサイド）でも行う。

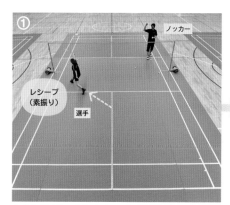

中央からスタートし、レシーブ（素振り）

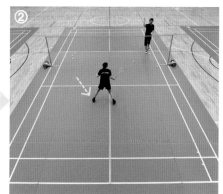

中央に戻る

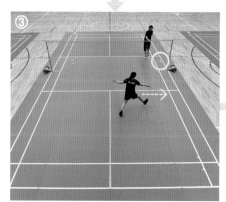

中央からサイドへ足を出す

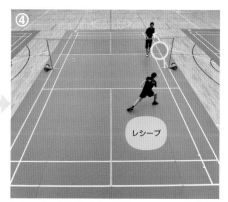

レシーブ。その後、中央に戻る

⑤フォア奥スマッシュ→サイドレシーブ

スマッシュ（素振り）のあと、
センターを経由してサイドレシーブ

ポイント 中央での方向転換を鋭く

フォア奥でスマッシュの素振りをしたあとサイドに移動するとき、中央で方向を変えるための出足が重要になる。逆コース（ラウンド→フォアサイド）でも行う。

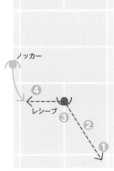

丸数字は写真の番号に対応

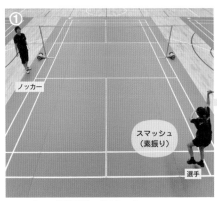

スマッシュ（素振り）でスタート

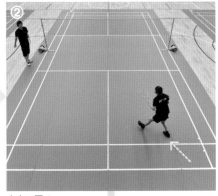

中央に戻る

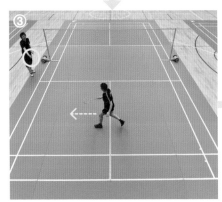

中央からサイドへ

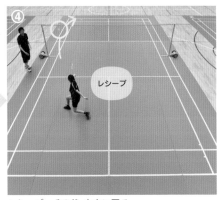

レシーブ。その後、中央に戻る

⑥バックサイドレシーブ→フォア奥スマッシュ

バックサイドの
レシーブ（素振り）のあと、スマッシュ

 加速してスマッシュへ

レシーブ後、スマッシュへの入り込みで加速する。試合でスマッシュを打つ場面を想定し、チャンスをねらいにいくイメージを持つ。逆コース（フォアサイド→ラウンド）でも行う。

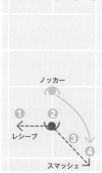

丸数字は写真の番号に対応

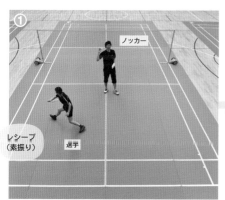

中央からスタートしサイドレシーブ（素振り）

中央に戻る

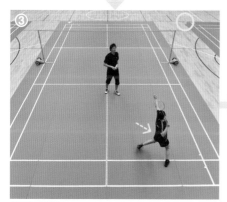

加速しながらフォア奥へ

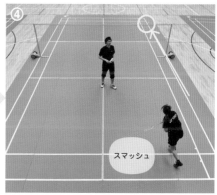

スマッシュ。その後、中央に戻る

⑦スマッシュ2点

フォア奥、
ラウンドからのスマッシュ

🔍 高さのある球を打とう
ポイント

選手はスマッシュのあと必ず中央に戻ること。ノッカーは
しっかりと高さが出るように投げる。投げにくいときは下か
らよりも上から投げると高さが出やすい。

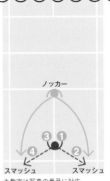

丸数字は写真の番号に対応

中央からスタート

フォア奥からスマッシュ

中央に戻る

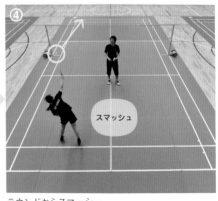

ラウンドからスマッシュ

160

⑧ワンジャンプスマッシュ 2 点

フォア側、ラウンド側から
ワンジャンプでのスマッシュ

ノッカー

スマッシュ　スマッシュ

丸数字は写真の番号に対応

 ワンジャンプをマスターしよう

選手はサイドへ一歩でジャンプするリズムとタイミングを覚える。ノッカーは選手の動きとタイミングを合わせて、P160よりもやや低めに投げるようにする。

センターからスタート

フォア奥からスマッシュ

中央に戻る

ラウンドからスマッシュ

⑨ヘアピン→プッシュ

ヘアピン（素振り）のあと
逆サイドに移動してプッシュ

丸数字は写真の番号に対応

 プッシュはとびつきで

ヘアピンのあとチャンス球にとびつきプッシュするイメージ。
ノッカーは山なりでなくネット際低めに、とびついて打てる
球を出す。逆コース（フォア前→バック前）でも行う。

中央からスタート

ヘアピン（素振り）

中央に戻ってから再び前へ

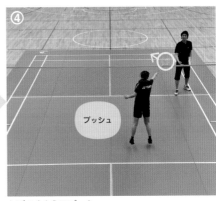

とびつくようにプッシュ

⑩プッシュ2点

プッシュのあと
逆サイドに移動してプッシュ

 速めのテンポで行おう

丸数字は写真の番号に対応

プッシュを打ったあとは少し下がって次のショットを打ちにいく。ノッカーは選手が速めのテンポで動けるように、少し低めに球を上げるようにする。

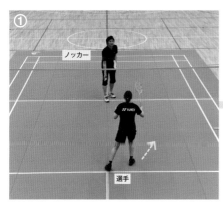

中央からスタート

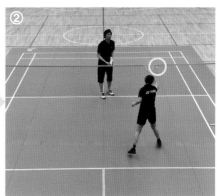

フォア側でプッシュ

中央に戻り再び前へ

バック側でプッシュ

13

カット＆
ネット

試合で動ききるために

攻撃パターンとして「スマッシュ＆ネット」が有効なことは、みなさん知っていると思いますが、私は「カット＆ネット」をよく練習しました。1対1でコートに入り、カット→ネット（ヘアピン）と打つ反復練習です。

カットは、スマッシュよりもコートの後ろ寄りで打てるショットです。そのためカット＆ネットは、コート奥からネット前まで、長い距離を動くことになります。これができると、試合でもしっかり動ききることができ、勝負どころに確実に強くなるのです。またミスをしないように意識して行うことで、試合中のラリー全般で、相手より先にミスをしない力がつきます。

カットをまずはストレートに打つことから始め、慣れてきたらクロスへも打てるように挑戦してみましょう。ストレートに打つときは、ネット前⇔コート奥をまっすぐに動くパターン、ホームポジション付近を経由するパターンのいずれも練習するといいでしょう。とくにネット前から下がって打つというのは、ビギナーには難しいもの。シャトルの下に早く入れるように、最初は10往復、ミスしないことを目標に練習してみてください。

試合で長いラリーが続くとき、相手を動かすことも大事ですが、自分が動ききれるかどうかがとても大切。それには、カット＆ネットをマスターすることが近道です。

フォア側からストレートにカット

1 >> ネット前⇔コート奥を前後に動く

ネットを挟んでネット前に立ったノッカーから、ロブとネット（ヘアピン）を出してもらう。後ろから前、前から後ろと動きながら、カットとネットで返球。試合では相手の球を読めたときの、チャンス球への対応などで使う動きになる。

○前⇨後ろと下がる

カット　体の前で打つ

一連の動きの中で
テンポよく
コートをける

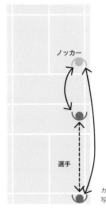

ノッカー

選手

カメラのアイコンは下の
写真の撮影位置を示す

下がり方に重点を置く

動き自体はフォア側を前後に動く
ものだが、後ろで打って前に出て
ネットを打つ動きよりも、前で
打ってから下がってカットを打つ
動きのほうが難しい。前で打った
ら素早く下がって、上がってくる
シャトルの後ろに入り、体の前で
カットを打つようにしよう。前に
出るときは、打ったあと踏みかえ
て前に出ている右足でけって前に
進む

カットの打点

ネット

あわてて体を引かず、
しっかりシャトルの
下に入る

2 >> ホームポジション付近を経由して動く

カットとネットをストレートに打つのは 1 と同様だが、ここではホームポジション付近に
毎回戻ってから打つようにする。 1 のほうが動きとしては簡単だが、練習では雑な動きに
なることもあるだろう。正しいフットワークを身につけるには、真ん中に戻って練習する
とよい。

○前⇨センター⇨後ろと下がる

下がりながら
左足で方向を
変える

体の前で打つ

カット

168

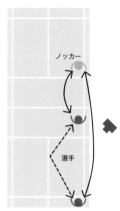

カメラのアイコンは下の写真
の撮影位置を示す

センターを経由

1の動きよりもステップは複雑になる。下がるとき、センターで方向転換するためには左足でけってステップ（右写真2点）。センターから後ろへ向かうけり足をしっかり踏むことが大切だ。前に出るときは、打ったあと踏みかえて前に出ている右足をセンターに向けて進み、（センターで）左足で方向を変えてネット前に進む

 ポイント

左足でけって
右に方向転換

写真2点は正面から見たもので、矢印でつながっている連続写真とほぼ同じ局面。左足を軸にして、右足を大きく後ろにつくと同時に上体も外側に向ける

ネット

あわてて体を後ろに
引かず、しっかり
シャトルの下に入る

フォア側からクロスにカット

ネットを挟んでネット前に立ったノッカーから、クロスロブとネット（ヘアピン）を出してもらう。後ろから前、前から後ろとクロスに動きながら、クロスカットとネットで返す。

（1）カットを打って前に

体の前で打つ

カット

ただ走るのではなく
左足でける
フットワークを
意識する

対角線をカバー

コートの対角線をカバーする。クロスはストレートに比べて動く距離が長いので、体力的にきつくなるが、コーナーまでしっかり動ききることができると、試合で楽になる。連続写真のように前に出る際は、センター付近で左足でけることを意識するとスムーズにクロスに行きやすい

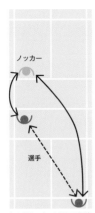

ノッカー

選手

カメラのアイコンは下の写真
の撮影位置を示す

 打ったあとに相手を見る

ここまで紹介した3つのパターンで共通するポイントは、打ったあとに相手をすぐに見ること。相手を見ることによって、どこに返球されるか予測しやすく、次への判断や対応が早くなる。自分が打ったシャトルばかり見てしまい、相手の返球に対して動きが遅れないように注意しよう。

ネット

あわてて体を引かず、
しっかりシャトルの
下に入る

内側に下がらない

下がるときはシャトルが上がる方向を見て、シャトルが落ちてくる向きに合わせて下がる。右ページ図の×のように、楽をして内側に下がらないようにしよう。シャトルより先に下がるのが理想

(2)ネットを打って下がる

ただ走るのではなく
左足でける
フットワークを
意識する

体の前で打つ

カット

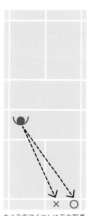

共通のポイントは、ていねいにショットを打つこと

次のページで紹介するラウンドも含めて、私がすべてのパターンで気をつけていたのは、打ったあとに早く次の返球の場所へ動かないといけないと思うあまり、速く動くことに意識がいってしまうことが多いので、まずはていねいにショットを打つことでした。これはジュニア年代はもちろん、ナショナルチームの選手など、どの年代の選手にもいえると思います。

しっかりと体を入れてショットを打つことによって余裕もでき、フットワーク全体のリズムもよくなります。とくにネット前のショット、後ろで打つショット、どちらも最後の一歩をしっかり踏み込んで打つことで、次の動きへもスムーズにつながっていきます。

あわてて体を引かず、
しっかりシャトルの
下に入る

ネット

ラウンド側からカット

4 >> 前後、センター経由、クロスに動く

1〜3と同じ動きをラウンド側でも練習しよう。ラウンド側できちんと動ききれるとショットが安定する。カットは第5章で紹介したように、通常のカット、リバースなど打ち分けよう。

アドバイス **体の前でシャトルをとらえよう**

ラウンドで打つときのポイントは、体の前でシャトルをとらえること。そのためには、シャトルの後ろまでしっかり下がる必要がある。ラウンドは一番遠い場所まで移動して打つショットになるので、ほかのショット以上に、シャトルを体の前で打つように意識すると動きがよくなる。

カメラのアイコンは
撮影位置を示す

○前⇨後ろと下がる

あわてて体を引かず、
しっかりシャトルの
下に入る

体の前で打つ

カット

ネット

○前⇨センター⇨後ろと下がる

ノッカー

選手

あわてて体を引か
ず、しっかりシャ
トルの下に入る

ネット

右足でけって
左に方向転換

体の前で打つ

カット

○前⇨後ろとクロスに下がる

体の前で打つ

カット

ノッカー

選手

あわてて体を引か
ず、しっかりシャ
トルの下に入る

ネット

14

ステップ
練習

瞬発力を鍛えて出足の速さをアップ

試合では相手が打った瞬間に反応して、シャトルの落下点に動かなくては勝てません。出だしの速さが勝負を分けるといってもいいでしょう。そのスピードを上げるためにおすすめなのが、この章で紹介するステップ練習です。

多くの種類がありますが、ここでは主なステップを紹介します。私は小、中学生のころからナショナル時代まで、よくこの練習をしていました。練習後に取り入れたり、少し時間を短くして試合前のアップで行ったり。とくに朝の試合では、体が目覚めていないことがあるので、ステップを踏んで体を起こしていました。

調子が悪くて動きが遅いときも、ステップ練習をすることで、動きを速くする効果があります。

注意しておきたいのは、姿勢よく行うこと。つい下を向いて足元ばかり見てしまいがちになりますが、試合での動きにつながるように、前を向いて胸を張って行ってください。

技術練習やゲーム練習と違い、ステップ練習は地味な動きになるため、熱心に取り組みづらいかもしれません。けれど、ぜひ意識してやってみてください。瞬発力が鍛えられて動き出しが速くなり、試合に必ず役立つはずです。

1 >> 前後ジャンプ ▶️

足を肩幅に開き、前、後ろ、前、後ろと
ジャンプする。ダブルスサイドラインと
シングルスサイドラインの幅を使うとよ
い。前にける力と後ろにける力がアップ
する。

✕ 下を向いて足ばかり見ない

ステップ練習全体にいえ
るが、速く動こうとして、
下を向いて足ばかり見て
しまわないように。胸を
張って前を見よう。足の
裏をべったりつけず、カ
カトを浮かせて行う。

手は
自然に横に

前に跳ぶ

後ろに跳ぶ

178

2 >>> サイドジャンプ

足を肩幅に開き、右、左、右、左とジャンプする。ダブルスサイドラインとシングルスサイドラインの幅を使うとよい。サイドにける力がアップする。

右に跳ぶ

リズムよく
ジャンプしよう

左に跳ぶ

3 ＞＞ 大きなツイスト

足を肩幅に開き、右、左と大きく腰をひねる。「いっち、にっい」というリズムで動こう。
サイドへ動くときの腰のキレがよくなる。

いっ　　　ち　　　にっ

4 ＞＞ 小さなツイスト

足を肩幅に開き、右、左と小刻みに腰をひねる。「いち、に」というリズムで動こう。サ
イドへ動くときの腰のキレがよくなる。

いち　　　に

5 ≫ ランジ

その場で軽くジャンプして、右、左と交互に足を前に出す。ダブルスサイドラインとシングルスサイドラインの幅を使うとよい。ネット前などで踏み込む力がつく。

ヒザの角度は90度くらいに

その場でジャンプして前後の足を入れ替える

6 ⟫ タッピング

その場で速く、細かく足踏みする。足をべったりつけないで、つま先で床をけろう。コートでの俊敏な一歩につながる。

前を見て
胸を張って

つま先でける

スタートの姿勢（足の裏全体をつけない）　　左足で床をける　　　　　右足で床をける

7 ⟫ モモ上げ

その場で軽くジャンプしながら、右、左とモモを交互に上げる。瞬間的に大きな力を発揮できるようになる。

床と水平に
なるくらい
モモを上げる

8 ＞＞ 胸つきジャンプ

ヒザを曲げて真上にジャンプ。ヒザを胸につけるイメージで大きく跳ぶ。瞬間的に大きな力を出すのに効果がある。

胸に
ヒザをつける
イメージで

その場で真上にジャンプ

9 ＞＞ つま先ジャンプ

足を肩幅に開き、両足で小さく連続ジャンプ。カカトはつけず、つま先でける。相手が打った瞬間の出だしを速くすることにつながる。

ヒザをやや
曲げてスタート

つなぎのステップ

1から9のステップ練習は、それぞれの間に「つなぎのステップ」を入れて行うとよい。片足でツーステップしながら、もう片足を後ろへ、前へとその場で動かす。「いち、に、いち、に」のリズムで行う。

フットワークとセットで取り組もう

ステップ練習を私は、小学校のときにバドミントンを始めてシャトルを少し打てるようになってきたころに、フットワークと同じタイミングで始めました。ステップをすると細かい足さばきがうまくできるようになるので、前後左右に動く際の方向転換と出足のスピードがアップします。それに加えてフットワークに取り組むことによってコート全体をしっかり動けるようになるので、ステップとフットワークはセットとして行うべき大切なメニューだと思います。

取り組み例をあげると、回数は週に2回くらい、時間は1回5〜10分で十分です。一つ一つの動きはレベルに合わせて10〜20秒くらいの間で調整し、「出足が遅いな」と感じたときは積極的に練習に取り入れるようにしていました。ポイ

ントは、次の種目に移るときも足を止めないようにすることです。

現役時代は、プレーの反応がよくなるので、試合前のアップでもいつも取り入れていました。あまり長い時間は行わず、「動きが出てきた」と思ったら次のステップに移る感じで進めていました。一方で、小学校低学年のころは速い動きは難しく、足がからまることが多かったので、まずはゆっくりでいいのでステップをしっかり踏むことを心がけていました。できるようになってきたらそこからスピードを上げていけばいいと思います。

1〜9やつなぎのステップをその場で連続して行えるようになってきたら、サイドジャンプやツイストの動きで30〜70メートルくらいの距離を移動しながら各ステップを行うのも効果的です。

フットワークとセットで取り組むことが大切

お悩み＆質問 ズバリ解決

日本代表だけでなく、ジュニア選手への指導経験も豊富な廣瀬コーチが、
講習会などでよく受けるお悩みや質問にお答えします！

試合のときに緊張して、しっかり食べられません。

☞自分が食べやすいものをこまめに食べよう。

　まずは毎日の食事を、バランスよく３食しっかりととることが大切ですが、試合前に緊張して食べられないケースは、私も多かったです。そんなときは、ごはんやパン、パスタといった炭水化物が多く含まれた食べもので、自分が食べやすいものを、まず試合の２〜３時間前におなかに入れておく。一度に食べる量は人それぞれで構いません。そして、試合までの時間でおなかが少しすいたと感じたら、バナナやエネルギーゼリーといったすぐにエネルギーになるものをちょこちょこ食べるようにしていました。また、こまめに食べるタイミングがないときは、エネルギーゼリーをスポーツドリンクに溶かして飲

むのがおすすめです。

　私は蒸しパンが好きだったので、２〜３時間前に食べておいて、試合前には必ずチョコレートを食べていました。食べなければいけない、と意識してしまうと不安になる人もいると思うので、自分の好きなもの、食べやすいものを少しずつ食べればいいと考えると、気持ちも落ち着くのではないでしょうか。

　もちろん、食欲が十分にあるのであれば、試合の３時間前くらいまでにおにぎりなどをしっかり食べてもよいでしょう。ただし満腹になると動けなくなったり、おなかが痛くなったりすることもあるので食べすぎないことも大切です。

シャトルがまっすぐ飛ばずに、横や斜めに行ってしまいます。

☞スイングの最後で、飛ばしたい方向におなかを向けよう。

　打つことに意識がいきがちでヒットの瞬間に力が入りすぎ、打ったあとに体が横を向いてしまう選手を多く見ます。

　ポイントとしては、自分が飛ばしたい方向に、体がぶれないように意識しながら最後におなかを向けること（P19）。そうすると、おなかを向けた方向にしっかりとシャトルは飛んでいきます。たとえば、クロスに飛ばし

たいと思った場合は、最後にクロスにしっかりおなかを向けるとよいでしょう。

　力を入れるタイミングもとても大事です。しっかりシャトルを飛ばそうと思って、スイングの最初から最後まで力が入ってしまうケースも多いですね。打つ瞬間だけグリップを握り込んで、力を入れてシャトルをとらえましょう。

クリアーが奥まで飛びません。
☞力の入れ抜きと全身の連動を意識しよう。

クリアーでは、打つときの「力の入れ抜き」が非常に大切です。「飛ばない」という選手の多くは、力がずっと入ってしまっていて、スイングの最初から最後まで力を抜くところがなく、ヒット時に正しく力が伝わらないことが多いです。

ポイントとしては、まずは手だけではなく、体全身を連動させて打つことを意識する。もう一つは、体を半身にして後ろに引くこと。それにより、後ろから前へ体重移動がしやすくなるので、シャトルに大きな力を伝えやすくなります。シャトル投げ（P16）やサービスでの力の入れ抜きの練習（P32）で、体の使い方や力の入れ方を身につけてください。

グリップの持ちかえがうまくできません。
☞ラケットを回す練習をしよう。

バック　フォア

小さい子であればシングルス、ダブルス関係なく、中学生くらいであればダブルスの選手からよく聞かれますが、フォアとバックの持ちかえができない人がとても多いようです。クリアーが飛ばないケースと似ているのですが、打つときに力が入りすぎてしまうのが原因だと思います。力が入りすぎるとグリップをぎゅっと握って、打ったあとも強く握ったままなので、とっさに握りかえが遅くなってしまいます。

そんなときは、ラケットを手の中でクルクル回す練習（P20、上写真）をして指を使えるようにするのが大切です。ラケットを回すには、力を入れすぎないことが重要だからです。少しゆるめにグリップを握る練習をして、力を入れるのは打つ瞬間のみ。打つ瞬間だけ力を入れて、その後は力を抜いた状態に戻すと、すぐに持ちかえができるようになります。

どうしたら強くなれますか？
☞目標を立て、強い選手の映像を見よう。

大事なことはいくつかあると思いますが、まずは目標を立てることがとても大切です。どういうプレーをしたいか、どういう選手になりたいか、どの大会で勝ちたいかなど、目標を明確にして、そのために取り組むことを書き出してみる。その内容を意識しながら、練習につなげていくことが第一歩だと思います。

もう一つ大切なことは、できれば小さいときに強い選手、自分のあこがれの選手のプレー映像を何度もくり返し見ること。強い選手のプレーを見て、いいなと思ったことやサービスのまねをすることで、自分のスタイルのベースができます。

私は小さいころ、スシ・スサンティというインドネシアの選手がすごく好きで、いまのように映像が簡単に手に入る時代ではありませんでしたが、同じ映像を何度も何度も見返していました。海外選手のプレーを見ることは大人になっても続けて、「このプレーはいいな」と思ったらまねしたり、自分でアレンジしたりしていました。ほかの選手の試合を見ることで発見がありますし、とくに小さいときは吸収力がとても高いので、ぜひ見てみてください。

試合の映像はどのように見ればいいですか？
☞相手のプレーの特徴をつかもう。

現役時代に私がチェックしていたのは、対戦相手のエースショットです。どのショットが一番得意か、試合映像を見れば、多く使われているショットなどからわかります。

次に見るのが、サービスレシーブです。自分がロングサービスから試合を展開したいのであれば、相手がロングサービスを打たれたときにどんなショットを返してくるかを見ます。基本的なところだと、スマッシュやカットといった攻撃的なショットが多ければ（＝攻撃型）、レシーブの準備をしっかりしようとなりますし、クリアーなどでつないでくる場合は（＝守備型）、どのように攻撃してポイントを取ろうかなと考えます。

ジュニア選手であれば、相手が攻撃型か守備型か、ざっくりと分類するだけでも試合を進めやすくなります。攻撃型であれば、こちらが簡単に球を上げたあとはしっかりレシーブしないといけませんし、守備型であれば、こちらが攻撃しても一発では決まりにくいので、しっかりラリーをしていこうとなります。とくにジュニア選手は得意シ

ョットの傾向がわかりやすいと思いますし、打ってくるコースの傾向もつかめれば、自分が優位に立てます。

自分の映像も見直していました。負けた試合のほうをあえてよく見るようにして、足りなかったところをチェックしていました。ラウンドに入るのが遅れて崩されていたり、ストレートスマッシュをミスしていたり、負けた試合はよくなかった点がすぐわかるものです。自分の強化すべきポイント、また長所も知ることができるので、自分の分析をすることもとても大事だと思います。

トップレベルで活躍しているときも、他の選手の映像分析は欠かさなかった

どうしたらポイントを取れますか？
☞相手を見て、空いているところをねらおう。

まずは相手のポジションをよく見て、空いている場所をねらいましょう。それができるようになると、相手を見る力がついてきます。相手を見ることができると、「相手がこっちに動きそうだな」と思ったら逆を突いたり、「駆け引き」ができるようになります。とくにジュニア選手は打ったら早く前に走ろうとしたり、動きがわかりやすいので、それをしっかりと見て対応できるとよいでしょう。

ポジションがよい選手に対しては、ラリーをしながら動かして、穴を見つけていくこと

が大切です。このほか、「相手はいま慌てているから、こっちに速いサービスを打とう」というように、試合の展開によって変わる相手の心理状況などを考えてプレーすると、ポイントにつながりやすくなります。

相手の心理状況を考えながらプレーすることも大切だ

ラリーがなかなか続きません。
☞反復練習でミスを減らそう。

ラリーが続かない選手に多いのは、自分が打ったショットを見すぎているケースです。その場合、あとの準備が遅くなってしまいます。もちろん、どこにシャトルが飛んだか見る必要はありますが、自分が打ったらすぐに構える。相手から返球があるので、ラケットをすぐに上げて構えることが大切です。しっかり構えることで相手のことも見るようになり、次の素早い対応にもつながります。ラリーも続くようになるでしょう。

また、ラリーが続かない選手に共通するのは、すぐにミスをしてしまうこと。反復練習をすることも解決策の一つです。ミスをしないように練習からしっかりと意識することが大切です。反復練習が苦手な人もいるかもしれませんが、「このエリアにシャトルを何個打てばOK」というようにゲーム的要素を含めるなど、楽しくなる仕掛けを入れるとよいでしょう。楽しんで取り組むことで、集中力も上がります。

コートをしっかりと動けないこともミスの要因なので、ショットフットワーク（P152）をふだんから行ってスタミナをつけることも大切です。しっかり動ければミスは減ると思います。

シングルスとダブルスはどう取り組めばいいですか？
☞小さいころにはどちらも積極的に取り組もう。

たとえば、シングルスに取り組むことでコートのカバー力がつき、ダブルスの試合で生かすことができますし、ダブルスをやるとラケットさばきが速くなり、スピードプレーに強くなるので、シングルスの試合で生かすことができます。どちらの種目をやってもそれぞれに生かされるメリットは

あるので、両方とも積極的に取り組んで、年齢が上がったときにどちらかを選択すればいいでしょう。

私も高校までは両方行っていて、ダブルスにも取り組んでいたからこそネット前の対応が速くなったし、レシーブの準備も素早くできるようになったので、とてもよかったと思っています。

シングルスは、すべてを自分1人でやることになるので勝ったときの喜びは格別です。一方、2人で力を合わせて勝てたときに喜びを分かち合えるダブルスには、シングルスとは違った魅力があると思います。

高校時代はダブルスでインターハイのチャンピオンに輝いた（手前が廣瀬コーチ）

バドミントン用語〈索引〉

カッコ内の「P○」は本書での主な掲載ページ

191

著者プロフィール

廣瀬栄理子 ひろせ・えりこ

1985年3月16日生まれ。兵庫県出身。小学1年のときからバドミントンを始め、ひよどりジュニア─中谷中（コマツクラブ）─青森山田高を経て、2003年に三洋電機入社。13年、ヨネックスに移籍し14年に現役引退。高校時代は1年時に女子ダブルスでインターハイと高校選抜で優勝。三洋電機入社後はシングルスに専念し、全日本総合で3連覇（08～10年）を含む5度の優勝、08年北京五輪16強、10年アジア大会3位、11年全英オープン準優勝（日本人32年ぶり）など、第一人者として活躍した。引退後は日本B代表やジュニアから一般までの指導だけでなく、メディアでの解説など幅広く活動している。

デザイン／黄川田洋志、井上菜奈美、石黒悠紀（有限会社ライトハウス）
写真／阿部卓功、井出秀人、川口洋邦
イラスト／丸口洋平
編集／星野有治（スポーツX株式会社）
動画制作／BREKKIE株式会社
衣装協力／ヨネックス株式会社
協力／バドミントン・マガジン編集部、佐々木和紀

本書は『バドミントン・マガジン』2018年5月号から2019年5月号に掲載された「廣瀬栄理子の勝利を引き寄せる実戦的テクニック」の内容を再構成して新たな内容を加え、一冊にしたものです。

みんなうまくなる
バドミントン基本と練習

2020年7月30日　第1版第1刷発行
2024年6月20日　第1版第3刷発行
著　　　者／廣瀬栄理子
発 行 人／池田哲雄
発 行 所／株式会社ベースボール・マガジン社
　　　　　　〒103-8482　東京都中央区日本橋浜町2-61-9 TIE浜町ビル
　　　　電話　　03-5643-3930（販売部）
　　　　　　　　03-5643-3885（出版部）
　　　　振替口座　00180-6-46620
　　　　https://www.bbm-japan.com/
印刷・製本／共同印刷株式会社